10万円を10年で10億円にする方法

Miracle method of money making-100,000 yen into 1 billion yen in 10 years.

浅井隆

第二海援隊

プロローグ

宇宙でもっとも強力な力は、複利である

（アインシュタイン）

あなたの夢を実現させる投資法

ここに、信じがたい図が二枚登場する。あるいは別の表現をすると、あなたの人生を一変させる〝すさまじい図〟と言ってもよいかもしれない。

その図の解説をする前に、複利のすさまじさをあなたの眼前に繰り広げることにしよう。

かつて世界最高のファンドと言われ、一世を風靡した「クォンタム・ファンド」は、あのジョージ・ソロスとジム・ロジャーズが組んで運用していた。年率平均利回りが三五％という驚異的成績を誇っていたが、その結果二六年で元本が二〇〇〇倍を超えるという、とんでもない結末を生むこととなった。つまり、一〇〇万円を投資した人は二六年後に二〇億円以上の資産を手に入れたことになる。

ところが、図2を見るとさらに信じがたい数字をあなたは迎えることとなる。

大チャンスがやってくる！

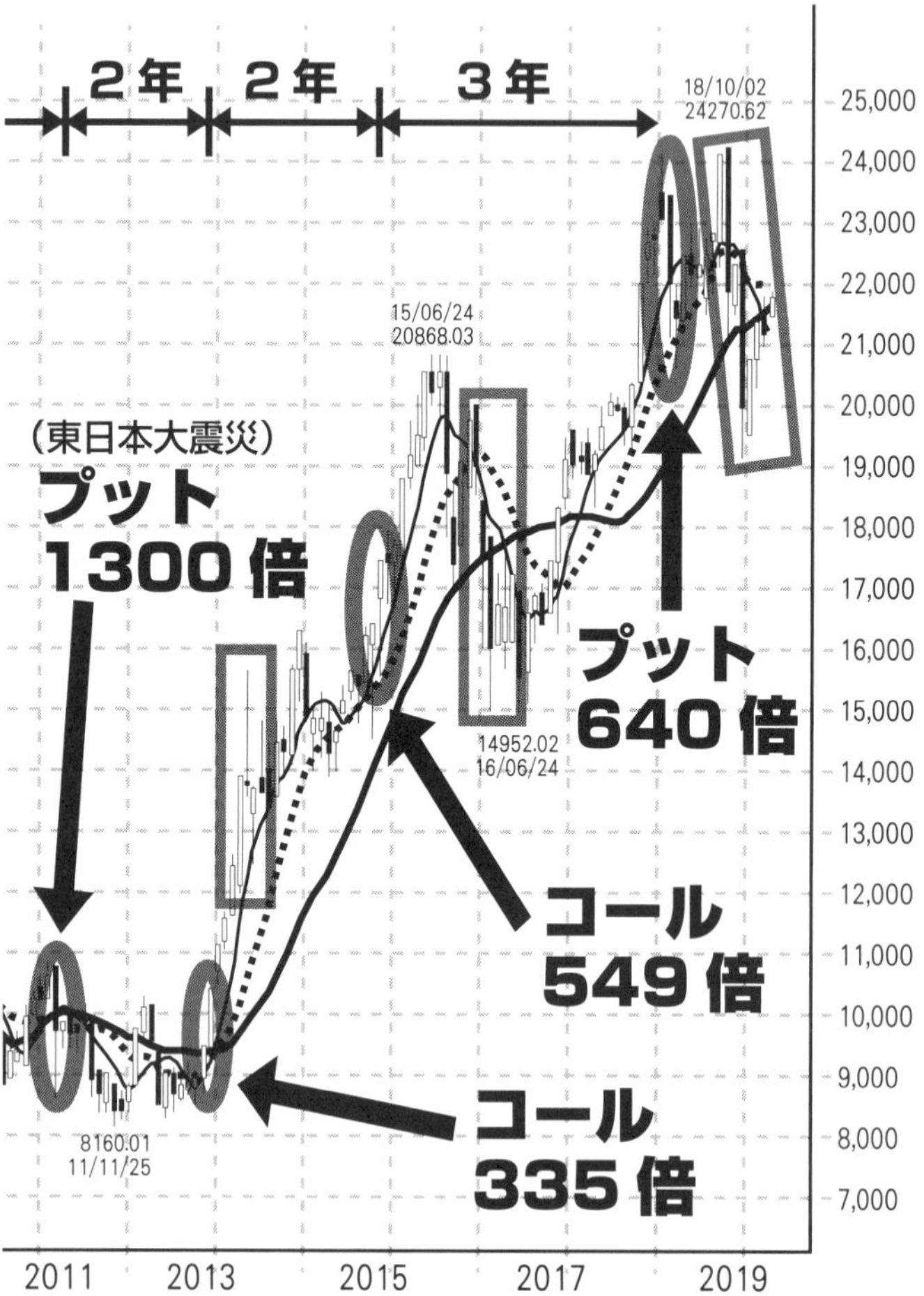

Ⓒ浅井隆／第二海援隊

図1　3年に一度、オプションの

日経平均株価 225 種（101/T）月足 2000/05 ～ 2019/04【228 本】ロウソク足

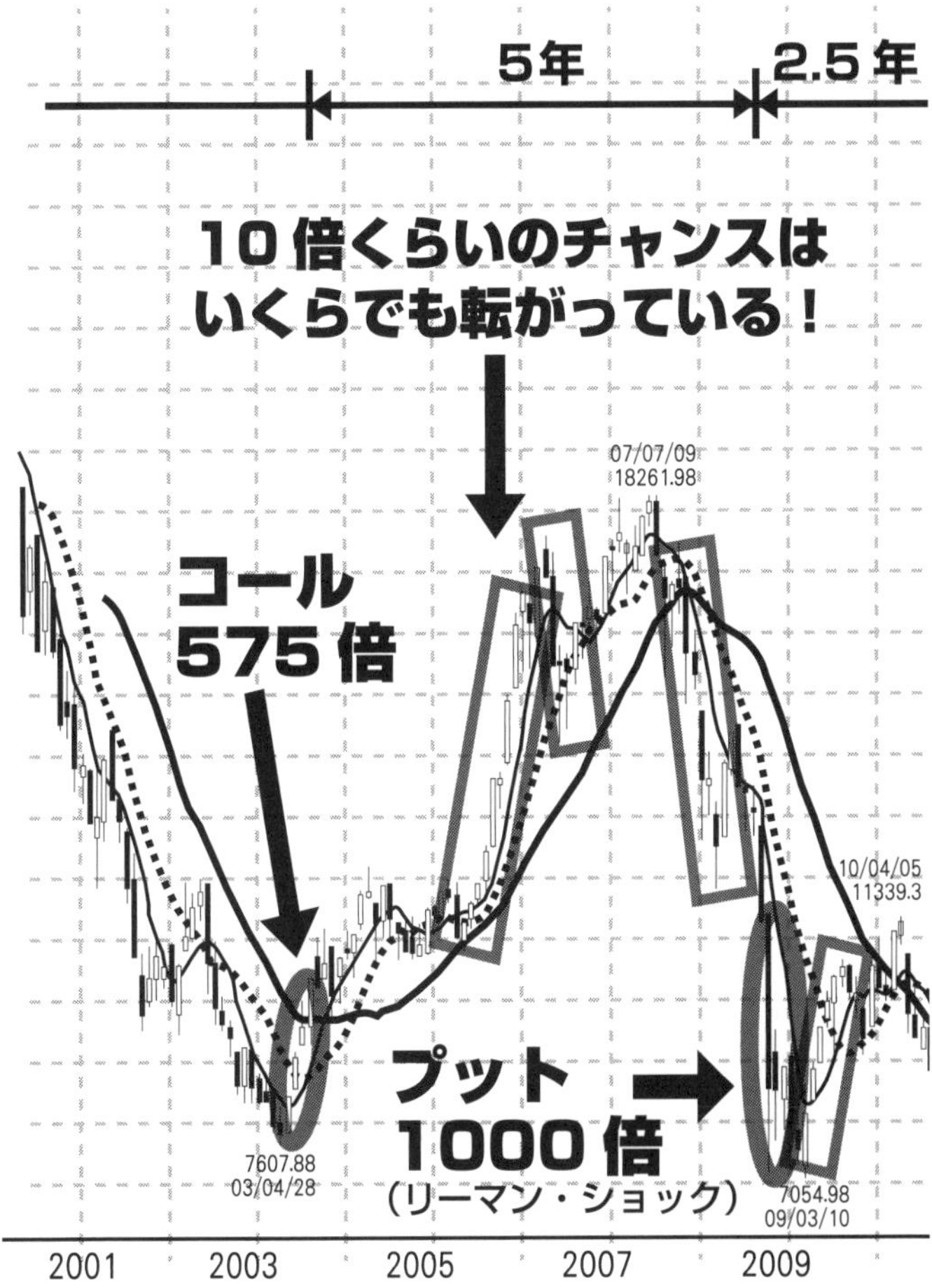

そこでまず図1（四ページ～五ページ）をじっくり見ていただきたい。これは過去二〇年ほどの間で、〝オプション投資〟で三〇〇倍以上になったものを取り出したものである。太いだ円形の線で囲っているところが、それに該当する部分だ。中には、一〇〇〇倍になっているものまである。

〝オプション〟が何であるかについては一章以降で詳しく解説するので、ここでは「ある特殊な投資手段」とだけ覚えておいてほしい。太い線の部分以外にも、四角い細い線で囲った部分は一〇倍以上が出ているところである。これを見ると、仮にあなたがオプションを使いこなせるようになれば、年に二倍～三倍くらいは比較的容易に稼げることだろう。

では、いよいよ図2（八ページ～九ページ）をじっくりながめてみることにしよう。なんともすさまじい図だ。このオプション投資を活用すれば、一〇万円が一〇年後に一〇億円も夢ではないというのだ。これが、〝複利効果〟のすさまじさだ。

そこで、本当にそうなるのかどうか、図2の左からゆっくり見て行くことにしよう。まず、スタートの年を〇《ゼロ》年としてあるが、二〇二〇年～二〇二一年（早ければ二〇一九年後半の可能性もあるが）は相場が大荒れになる可能性が高いので一〇倍に殖えると仮定してある。そうすると、元手の一〇万円は一〇倍だと一〇〇万円となる。途中に一〇万円×一〇回分と書いてあるが、これは私が主宰する「オプション研究会」（後述）で指導している「一〇分の一戦法」というもので、オプションの場合、価格の変動が激しいのと予測が外れて相場が反対方向へ動いた時はすぐにゼロになってしまうので、元手を一〇回分に分けて随時投入するという戦法を推奨しているのである。

その後はまさに「ウサギとカメ」を合わせた戦法である。〝よく跳びはねるオプションというウサギ〟を〝確実に前進するカメ〟として使い、しっかり収益が得られそうな時のみ相場に参入して一年あたり二～三倍稼げばよい。たとえば三年で一〇倍というと、一年目は二倍、二年目は少し多めに稼いで二・五倍、そして三年目は二倍とすると、二×二・五×二で見事一〇倍となるのである（ここでは税金と手数料は計算に入れていない。あくまでも大雑把なシミュレー

【究極の金融・孫子の兵法】

➡目標＝３年ごとに１０倍

これを３年の内に実現できればよい

１０年後
↓
5 [6] 7 8 [9] 10年

10倍　　10倍

↓　　↓

１億円　　**10億円**

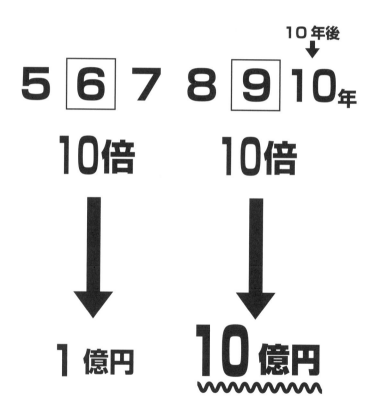

図2　オプションを使った

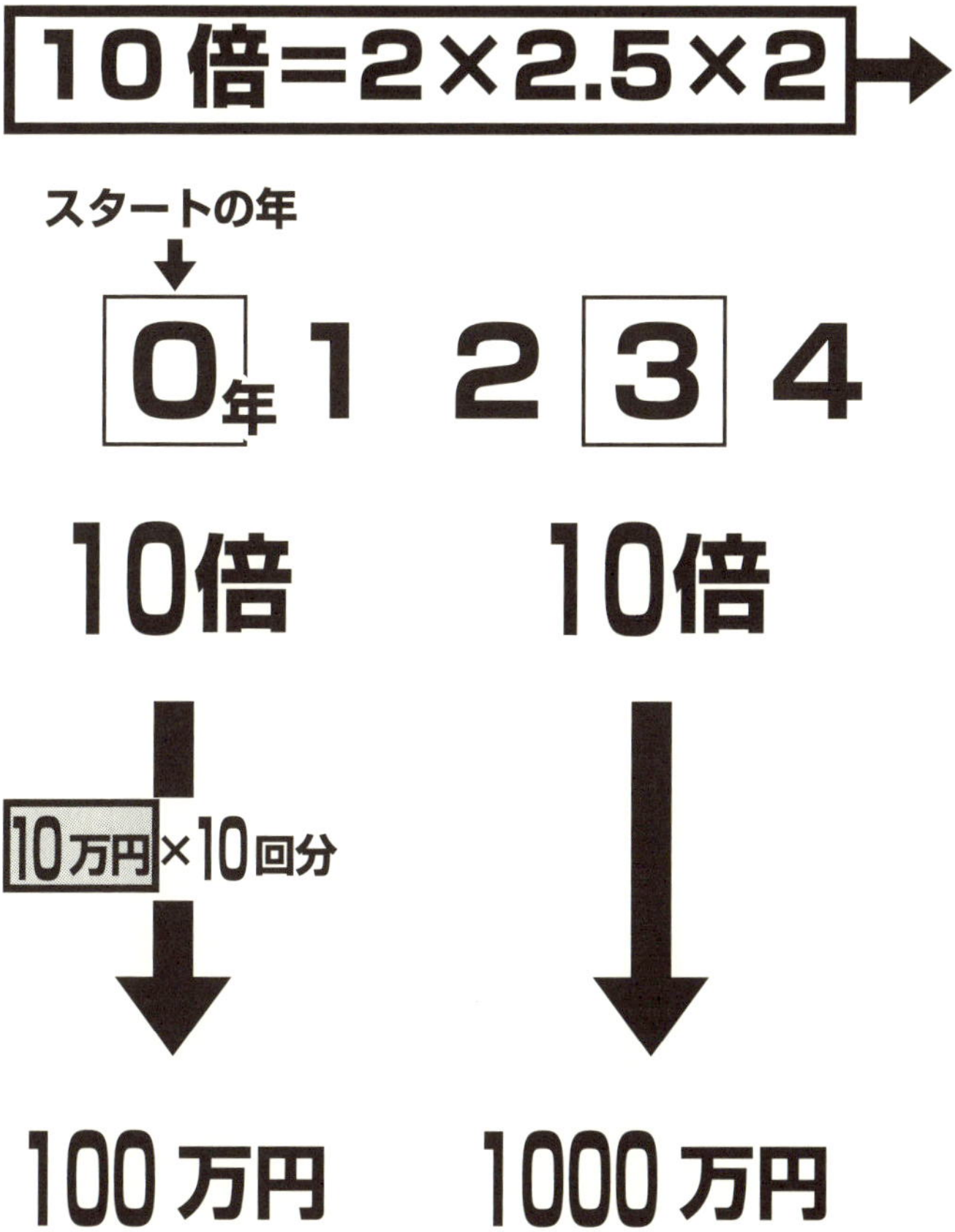

ションと考えていただきたい）。

そうすると、三年目には一〇〇万円×一〇倍の一〇〇〇万円となっている。これをこのまま続けて行くと、六年目には一〇〇〇万円×一〇倍で一億円。そして九年目には本当に一〇億円にもなる計算である。

オプションのやり方を正しく学んで、欲望をコントロールしながら、的確なタイミングのみを選んで投資すれば、「一〇万円が一〇年で一〇億円」というのは不可能なことではないのだ。

この希望の少ない時代に、〝オプション〟こそ夢実現のための最大の手段であり、最高の武器である。あなたがこれを使わない手はない。オプションを最大限に活用して、これまでできなかった〝夢〟をぜひ実現しようではないか。本書は、そのための入門書である。

二〇一九年七月吉日

浅井　隆

10万円を10年で10億円にする方法――目次

プロローグ

第一章 ウサギとカメ戦法

第四章　先物、FX、信用取引は死んでもやるな！
――オプションの〝買い〟だけなら追い証は出ない

第五章　もうすぐ大チャンス到来
――恐慌と国家破産という大変動こそ最大の収益機会

第六章　オプションの正しいやり方
――基本をわかりやすく解説

エピローグ

※注 本書では為替は一ドル＝一〇七円で計算しました。

第一章　ウサギとカメ戦法

希望の少ない時代に、オプションこそ夢実現のための最大の手段である

（浅井隆）

〝ウサギとカメ〟の教訓を活かす

「♪もしもしカメよ　カメさんよ」――誰もが知る童謡「うさぎとかめ」の歌い出しであるが、この歌はイソップ物語の「ウサギとカメ」を題材にしている。

イソップ物語の「ウサギとカメ」は、シンプルながら示唆に富んだストーリーだ。ウサギがカメの足の遅さを馬鹿にすると、カメがそんなに言うなら勝負しようと持ちかける。ウサギとカメによる「かけっこ」が始まるわけだ。まず、スタートから飛ばしたウサギが圧倒的に先に進み、やがてカメの姿が見えなくなる。ウサギは「ここまで離せば大丈夫」と油断し、途中の木陰で居眠りをしてしまう。その間も休まず歩き続けたカメは、とうとうウサギを追い越し先にゴールする、というお話だ。

本章のタイトル「ウサギとカメ戦法」を目にした時、この物語を思い出した方が多いのではないか。この物語の教訓をあえて挙げると、「油断大敵」「コツコツ継続するものが強い」というところだろうか。

実は、私が考える「ウサギとカメ戦法」は、この教訓をさらにパワーアップさせたものだ。それは、この物語ではスポットが当たらなかった〝ウサギの俊敏な機動力〟をも味方に付けるという、かなり欲張りな戦法なのである。

もし、寓話ではなく実際にウサギとカメが競争をしたらどうなるだろう。結果は明白で、ウサギの圧勝に終わる。ウサギの走る速さは時速五〇～六〇キロメートル、対してカメは時速〇・五キロメートル。今から数年前に世界最速としてギネスブックに登録されたカメの記録で、せいぜい時速約一キロメートル程度である。ウサギが三〇分も走れば、カメは丸一日かかってもその距離を進むことができないのである。実は、ウサギは種類によっては時速七二キロメートルと、馬と同じくらい、もしくはそれよりも早く走ることができる。

このウサギの性能を放っておくのはもったいない。世の教訓は、コツコツ継続することをことさら美化する。特に日本人は、古来よりそのきらいが強い。

ただ、この「ウサギとカメ」の話において、そこを美化し過ぎてそれだけに焦点を当てるのは考えものである。

そして、その傾向がさらに顕著に表れている例がある。有名なエジソンの言葉「天才とは、一％のひらめきと九九％の努力である」がまさにそれだ。エジソンは、確かに寝る間を惜しんで発明を続けるほど努力を重視していたが、ある会見でこの言葉の真意は「ひらめきがどれほど重要かを表した」と語っているのである。エジソンは、「私は、一％のひらめきがなければ九九％の努力は無駄になると言ったのだ」と会見で答えている。

このように、今までとは異なるところに焦点を当てることは、重要なことである。実はそこに、もっとも重要なものが隠れている場合があるのだ。その点を十分に注意されたい。

投資の世界のウサギをさがせ

本章のタイトルである「ウサギとカメ戦法」とは、ずばりウサギとカメの

〝いいとこ取り〟である。ウサギからはその俊敏性を、カメからはコツコツ頑張る能力を、それぞれ両方の良いところを合わせ持たせた戦法である。

そして、ここでのポイントは、ウサギをベースにするということである。ウサギにコツコツ頑張ってもらうことは、それほど難しいことではないだろう。ウだが、カメにウサギ並みの速さを求めることは、どう考えても不可能である。だから、ウサギとカメ戦法はウサギの性能の良さを存分に活かした、言い換えると「コツコツ頑張る怠けないウサギ戦法」なのである。

ウサギだから、仮に八分の力でもカメよりも相当早い。では、残り二分の力で何をするのか。それは、カメのようにコツコツ継続することと、もう一つ大事なことは油断せずに注意深く取り組むということである。

ひょっとしたら、比率を逆にして八分の力で油断せずにコツコツ継続することを心掛けて、残り二分の力で早歩きをしてもよいかもしれない。それでもカメよりも圧倒的に早いはずだし、走るよりも時間はかかるだろうがちゃんと目的地にたどり着けるはずだ。

では、投資の世界におけるウサギとは何か。それほど性能の良い、投資効率の良い方法があるのか。実は、それが「オプション取引」である。オプション取引がどういうものかについてはあとで詳しく説明するので、ここではまずその性能を見てほしい。

通常「リターンの高い投資」というと、あなたは何を想像するだろうか。人によって違う答えが返ってくるだろうが、おそらく「株」と答える方が多いのではないか。では、その「株で大成功する」ことを考えてみてほしい。株で大成功とは、果たして株価がどれくらいになることを指すだろうか。

株の世界には〝テンバガー〟という専門用語がある。意味は株価が一〇倍になることで、株式投資をしている人は誰しも「俺もいつかテンバガー銘柄をつかみたい」と憧れている。株式投資においては、この「一〇倍」を大成功の基準にして差し支えはないだろう。

そしてこの一〇倍を、通常は一〇年ぐらいの長期で狙う投資家が多い。ただ、ごくまれに一年でこの一〇倍を達成する銘柄が存在したりする。そんなラッキーな銘柄をたまたま持っていたら、まさに狂喜乱舞、投資家冥利に尽きる。

さて、このように株式投資では大成功の基準となる一〇倍だが、実はオプション取引では比較的頻繁に発生するものでそう珍しいものではない。オプション取引では、一〇倍程度なんてものではなく、時々一〇〇倍以上にもなったりする。それが一週間ぐらいの短期間に、いや本当に短ければわずか一日の間で起きたりする。このように、大きな収益チャンスが至るところにごろごろ転がっているのがオプション取引の魅力である。投資の世界でオプション取引以上の性能を持つ方法はない、と言ってもよいほどだ。

オプション取引は、ごく一部の知る人ぞ知る取引であるが、せっかくこんなに強力な武器があるのに使わない手はない。あなたが人と同じ人生を歩みたいのであれば、食わず嫌いのままオプション取引をせずに利息の付かない預貯金や銀行に言われるままの投資信託や最近問題にもなっている外貨建て保険などを購入しておくのもよいだろう。しかし、人より抜きん出ようとするのであれば、ウサギのように高性能なオプション取引を有効活用するべきだろう。

投資の必勝法は「損をしないこと」

オプション取引の魅力は、先ほど触れた通り至るところにしかも大きな収益チャンスが転がっていることである。ただし注意すべきは、チャンスが転がっている分、損をする機会も同様に数多く転がっていることだ。そのため、ここで必要になるのは、周りを慎重に見て決して油断をしないことだ。ウサギの性能を一〇〇％出し切った全速力ではなく、慎重になって油断をせず、そしてカメのように堅実に進んで行くのである。

投資の世界では、油断をしないことは一番重要なことかもしれない。これまで数多くの高名な投資家にお会いしてきたが、皆が揃って口にするのは「損をしないことの大切さ」である。それはオマハの賢人、ウォーレン・バフェットの投資ルールからも明らかだ。投資の世界すべてに繋がる黄金ルールとも言えるので、ここに紹介しておこう。

〈オマハの賢人　ウォーレン・バフェットの投資ルール〉

ルール一：「絶対に損をしないこと」

ルール二：「ルール一を決して忘れないこと」

いかがだろうか。もっともシンプルで当たり前のことを、しかも念入りに二回繰り返しているのだ。これを投資の神様・バフェットがルールにしているわけだから、投資の世界では損をしないことがいかに重要なことであるかわかる。

もちろん、投資を行なう上でわずかな損も絶対にしないということはまず不可能だ。バフェットは株式投資で財を成してきたわけだが、投資した銘柄が百発百中であったわけではない。あるインタビューの回答では、バフェットが「私は人よりも多く損を出すことができる」と語っていたこともあった。だからこの二つのルールは、「致命的な損は絶対にせず、なるべく損を回避する」と捉えた方がよいだろう。これが、何を差し置いても重要な投資の鉄則なのである。

オプション取引を行なう時には、この点が極めて重要になる。収益機会がどこにでも転がっていると考え、手当たり次第に投資を行なうと損をする機会も

バフェット式投資の黄金ルール

ルール１

絶対に損をしないこと

ルール２

ルール１を決して忘れないこと

ゴロゴロ転がっているわけで、すぐに投資額を失うことになりかねない。それを避けるために慎重に慎重を重ねて、ほぼ儲かるだろうというタイミングでしか投資を行なわないことである。

そして、〝儲け過ぎない〟ということも重要だ。本当は一〇倍以上の収益が得られる時に、二～三倍の取りやすいところで我慢しておく。一〇〇倍以上の収益が得られる機会であっても、狙うのは二～一〇倍くらいの取りやすいところに絞る。そのようにして、石橋を叩いて渡るかのように油断をせず慎重に取引を行なう。一番気を付けるべきは、〝損をしないこと〟なのだ。

複利の力を味方に付けろ！

オプション取引は、これまでの投資方法では考えられないほど効率的な運用ノウハウである。わずか一日で一〇倍あるいは一〇〇倍など、あまりに倍率が高過ぎて、非常識に映るかもしれない。ただ、安心してほしい。「常識とは、一八歳までに身に付けた偏見のコレクションのことを言う」――これは、かの有名な天才物理学者アインシュタインの言葉である。つまり、知らない人が見ればすべて非常識に見えてしまうものなのである。たとえ、オプション取引について今回初めて知って非常識に映ったとしても、できる限り頭を柔軟にして取り組んでほしい。

さて、ここでアインシュタインを登場させたのは、彼が残したもっと有名な投資に通じる名言を紹介するためでもある。それは「The most powerful force in the universe is compound interest」、直訳すると「宇宙でもっとも強力な力は複利である」だ。アインシュタインが金融の複利効果を指して言った言葉かどうかは不明であるが、この〝compound interest〟に表されている雪だるま式に膨れ上がる複利の力は、確かに強力であると言ってよい。

今は世界全体が低金利で、特に日本はひどい。だから、この複利の効果を感じる機会は少ないが、高度経済成長の時を思い出してみてほしい。定期で預けると、年八％も金利が付いている時代があった。年八％の複利で一〇年持っていると、元本が二・二倍にもなる。二〇年なら四・七倍、三〇年でなんと元本は一〇・一倍にもなるのである。仮に、一〇〇万円持って一〇年預金しておけば二一六万円に、二〇年であれば四六六万円に、三〇年では一〇〇六万円になるのである。これが複利の効果だ。

より複利効果のすさまじさをお伝えする例として、折り紙の話がある。手元にある新聞紙を二つ折にして行った時、何回折ればその高さは地球から月まで到達する距離になるかという問題だ。地球から月までの距離は約三八万キロメートル、一方の新聞紙の厚さは〇・一ミリ。一回折ると〇・一ミリ×二で〇・二ミリ、またもう一回折ると〇・二ミリ×二で〇・四ミリメートルになる。こんな調子では、途方もない回数を折らなければ月まで到達しなさそうである。

では一体、何回だろうか。一〇〇〇回だろうか、一万回だろうか、あるいは一〇万回だろうか。驚くことに、答えはたった四二回である。もし、四二回折ることができれば、新聞紙の高さは〇・一ミリ×二の四二乗で、約四四万キロメートルとなり、地球から月の距離を優に超えるのである。

折り紙からわかる複利効果

折る回数	新聞紙の厚さ（高さ）　(単位：mm)
	0.1
1回	0.2
2回	0.4
3回	0.8
4回	1.6
5回	3.2
6回	6.4
7回	12.8
8回	25.6
9回	51.2
10回	102.4
⋮	
40回	109,951,162,777.6
41回	219,902,325,555.2
42回	439,804,651,110.4

=439,805km

月と地球の距離は380,000kmなので、
新聞紙を42回折ると月と地球の距離を超える

もちろんこれは理論上の話であり、実際には不可能である。四二回どころか、七回も折ることができれば良い方だろう。複利効果のすさまじさがイメージしやすい例として取り上げた。

似たような現象が、人間の体内で実際に起きることがある。インフルエンザに罹った時だ。インフルエンザは一個のウイルスが爆発的な速度で増殖し、短期間のうちに発症する。一個のウイルスが八時間後に一〇〇個になる、そして一六時間後には一万個、二四時間後には一〇〇万個に膨れ上がり、四八時間後に最大になると言われている。この例では八時間ごとに一〇〇倍になる例だが、そのスピードだとわずか三回で一〇〇万倍になるのである。

もう少し金融に近い例を出そう。たとえは悪いかもしれないが、いわゆるサラ金である。よくサラ金でお金を絶対に借りてはいけないというが、その原因として、まさに複利効果で雪だるま式に借金が膨らむ恐怖の構造が挙げられる。

一昔前の二〇一〇年六月から改正貸金業法が完全に施行され、一〇〇万以上の上限金利が一五%になった。それで、仮に一〇〇万円借りた時の利息を一五％とすると、利息が一一五万円だから一一五万円を返済しないといけない。これをすんなり返すことができればよいわけだが、そもそもお金があれば借金はしないだろう。ここでよくあることだが、別の会社から借りて返済したとする。すると、今度は一一五万円に対して利息一五％が追加され、次は一三二万円返済しないといけない。これを五回繰り返すと約二〇〇万円を返す必要が生じ、一〇回繰り返すと約四〇〇万円、最初に借りた額の四倍もの額を返済する必要が生じるのである。

この、借りたお金が雪だるま式に膨れ上がることにサラ金の恐怖があり、これもやはり複利効果のなせる業である。

ウォーレン・バフェットが、なぜ損をしないことを投資の哲学にしたのか。それは、この複利の効果を存分に味方に付けるためと言える。複利効果とは、収益の足し算ではなく掛け算を意味する。

仮に一〇回中八回がプラスで、その時の収益がプラス一五％、残り二回がマイナス一〇％だったとする。この場合、足し算をするとプラス一〇〇％である。

これは、単利の考え方だ。そしてこれは、一〇回中一〇回ともプラス一〇%の収益を上げた時の単利と同じになる。

ところが、複利にすると結果が異なる。最初の一〇回中八回がプラス一五%で、残り二回がマイナス一〇%で投資元本と損益分をそのまま再投資に回して行くと、収益はプラス一四七・八%になる。先ほど単利で同じ結果が出た一〇回ともプラス一〇%だった場合の複利収益は、プラス一五九・四%と先の収益よりも高くなるのである。

これが単利と複利の違いで、複利の場合にはマイナスを出さずにコツコツ収益を得た方がより投資効率が良くなるのだ。だから、複利効果を最大に活かそうとするなら、なるべくマイナスが出ないように気を付ける必要がある。普段大きな収益を得ていても、時々ある程度のマイナスを出してしまうとそれが意外と大きく足を引っ張ってしまう。コツコツと何度も収益を積むことが、リターンを大きく得ることに成功する近道なのである。

この複利効果のすごみを、資産を殖やす上でぜひ活用したい。

単利は足し算　複利は掛け算

① 10回中8回が＋15%、残り2回が－10%

② 10回中10回とも＋10%

単利

① 15+15+15+15+15+15+15+15 −10−10 ＝100

② 10+10+10+10+10+10+10+10 +10+10 ＝100

①100%＝②100%

複利

① (1.15×1.15×1.15×1.15×1.15×1.15×1.15 ×1.15×0.9×0.9)−1 ＝1.478

② (1.1×1.1×1.1×1.1×1.1×1.1×1.1×1.1×1.1 ×1.1)−1 ＝1.594

①147.8%<②159.4%

五四年間でマイナスはわずか二回

バフェットは、複利効果のすごみを私たち投資家にわかりやすく示してくれている偉大な投資家と言ってよい。もしそれを知りたければ、バフェットが経営するバークシャーハサウェイ社の株価や純資産額の推移を見ればよいのである。

バークシャーハサウェイ社は、元々は綿織物の紡績業の会社であった。その会社をバフェットが割安と判断し、株を買い始めたのが一九六二年一二月のことである。そして一九六五年には元の経営者と対立し、バフェットが買収して実質的な経営者となった。その後はご存じの通り、投資会社へと変貌して行く。

最初にバフェットが購入した時の株価は七・五ドル、そしてバフェットが経営者となった時の株価は十数ドルであった。それが二〇一八年一二月末時点で、株価は三〇万六〇〇〇ドルにもなっている。バフェットが経営者になってから、

バークシャーハサウェイの株価とS&P500

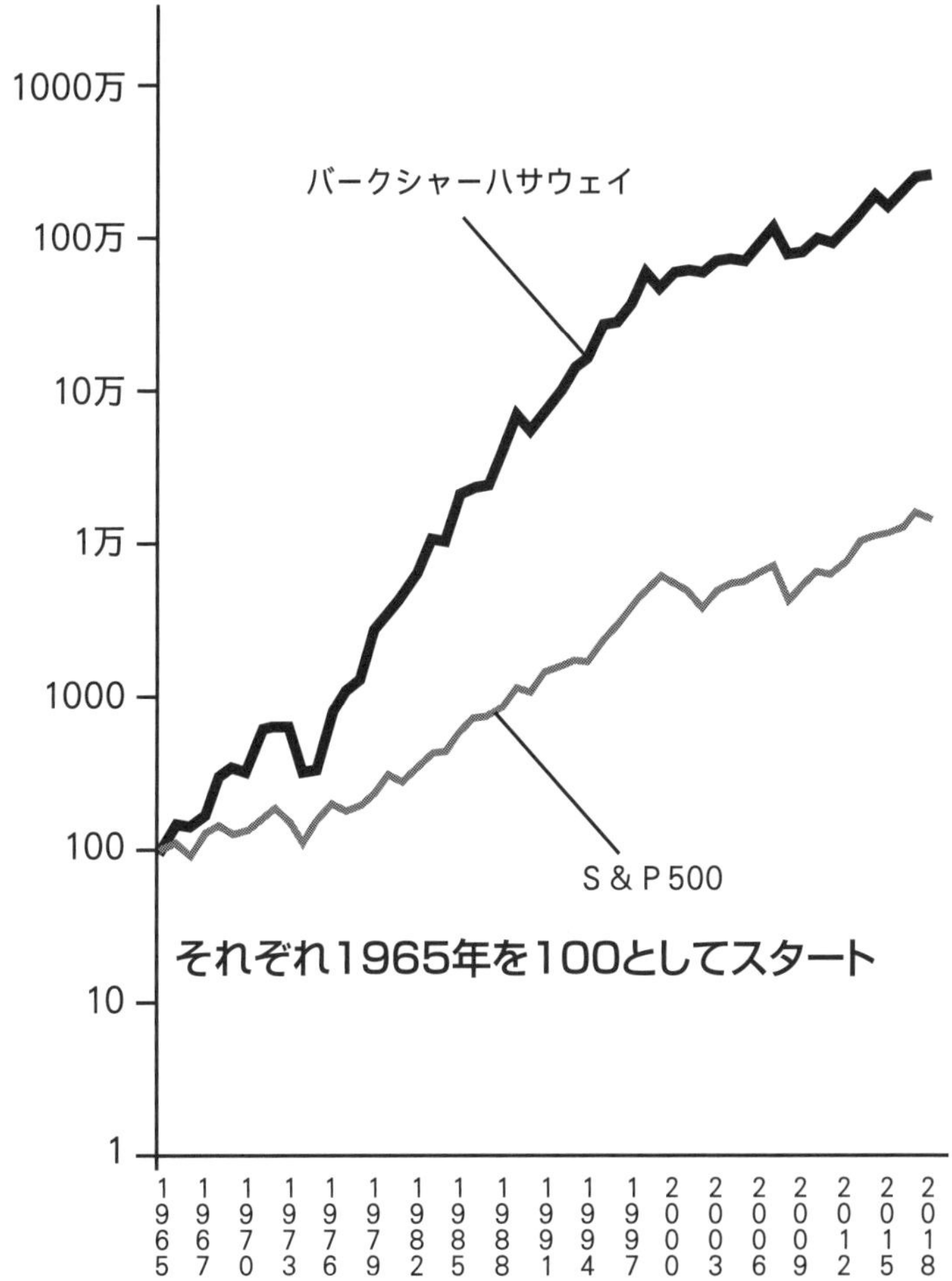

株価はなんと約二万五〇〇〇倍にもなっているのだ。

バークシャーハサウェイ社は毎年「株主への手紙」（SHAREHOLDER LETTERS）を公表しているが、その中でどのように株価が二万五〇〇〇倍になったのか、その経緯がデータで記載されている。一九六五〜二〇一八年までの五四年分の株価の騰落率が、すべて載っているのだ。それをチャートで描くときれいな右肩あがりになっている。その間の年率リターンは驚きの二〇・五％である。アメリカの株式指数であるＳ＆Ｐ５００が同じ期間で年率リターン九・七％だから、それよりもはるかに良い成績を挙げている。

いずれにしても一九六五年に仮に一〇〇ドル（当時の為替レートは一ドル＝三六〇円のため三万六〇〇〇円で、これは当時の日本の平均月給よりも少し低い程度）でこの会社の株を買っておけば、二〇一八年末時点では二四七万ドル（約二億六四〇〇万円）にもなっていた計算となる。すさまじい投資効果である。

実は、それよりも注目すべき数字が「株主への手紙」の中に存在する。それは、一株あたりの純資産額の騰落率である。バークシャーハサウェイ社の株価

バフェットの投資成績と年間騰落率

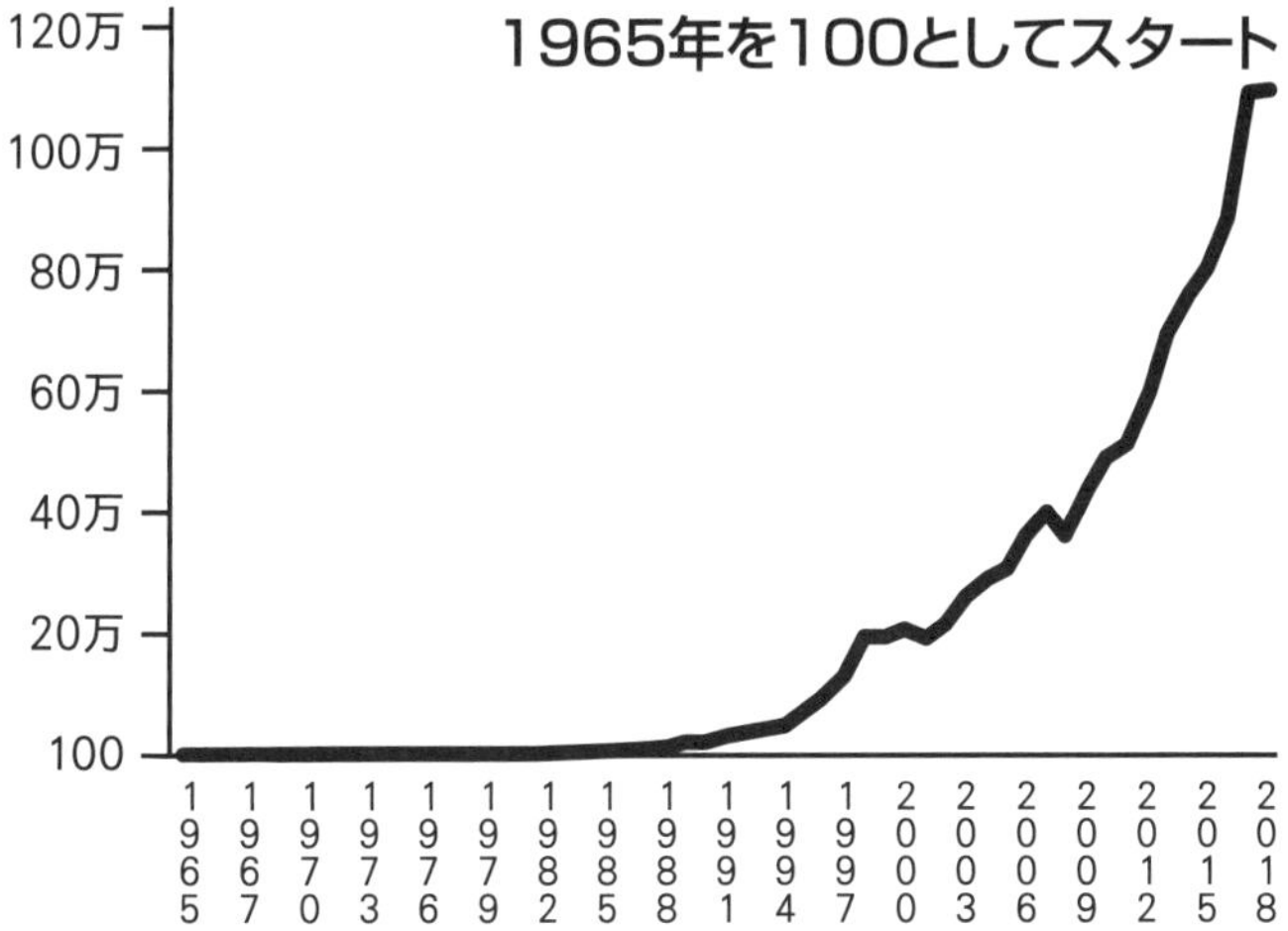

1965年	1966年	1967年	1968年	1969年	1970年	1971年	1972年	1973年
23.8%	20.3%	11.0%	19.0%	16.2%	12.0%	16.4%	21.7%	4.7%
1974年	1975年	1976年	1977年	1978年	1979年	1980年	1981年	1982年
5.5%	21.9%	59.3%	31.9%	24.0%	35.7%	19.3%	31.4%	40.0%
1983年	1984年	1985年	1986年	1987年	1988年	1989年	1990年	1991年
32.3%	13.6%	48.2%	26.1%	19.5%	20.1%	44.4%	7.4%	39.6%
1992年	1993年	1994年	1995年	1996年	1997年	1998年	1999年	2000年
20.3%	14.3%	13.9%	43.1%	31.8%	34.1%	48.3%	0.5%	6.5%
2001年	2002年	2003年	2004年	2005年	2006年	2007年	2008年	2009年
−6.2%	10.0%	21.0%	10.5%	6.4%	18.4%	11.0%	−9.6%	19.8%
2010年	2011年	2012年	2013年	2014年	2015年	2016年	2017年	2018年
13.0%	4.6%	14.4%	18.2%	8.3%	6.4%	10.7%	23.0%	0.4%

の推移は、バフェットの投資成績に直接関係しない。関係するのは、この会社の一株あたりの純資産額の方である。一九六五年以降、バークシャーハサウェイ社は投資会社へ変貌して行ったわけで、会社の成績＝バフェットの運用成績なのである。なお一九八五年には、昔からの綿紡績事業を完全に閉じている。

さて、一九六五〜二〇一八年末までの五四年間のバフェットの投資成績と言うべき数字があるのだが、驚くべきことにマイナスになったのは二〇〇一年と二〇〇八年の二回だけ、五二勝二敗である。二〇〇一年はアメリカのテロやエンロン破綻などがあった年、そして二〇〇八年は言わずと知れた金融危機の年だ。同じ期間の「S＆P５００」を見ると、マイナスになった年は一二回で、四二勝一二敗。しかも、バフェットの方のマイナス幅はマイナス六・二％、マイナス九・六％といずれも一桁で収まっている。

対してS＆P５００は、一番マイナス幅が大きかったのが二〇〇八年でマイナス三七・〇％、次に大きかったのが一九七四年でマイナス二六・四％だから、バフェットがいかに損失を小さくして、複利効果を上手く活用しているかがわかるだろう。当然、全体の収益もバフェットの圧勝で、S&P500が五四年間で約一五〇倍になったのに対して、バークシャーハサウェイ社の一株あたりの純資産額は二桁多く約一万一〇〇〇倍になっているのである。年率では、一八・七%のリターンになる。

バフェットに限らず、優れた投資家はなるべくマイナスを出さないようにして、この複利効果を活かしながら収益を最大にしようと心掛ける。それでもバフェットの成績を上回る、または同程度の成績を出すファンドや投資家はそうそう存在しない。

しかし、バフェットほど長期にわたってはいないが、一時的に彼の収益を凌駕した投資家が存在する。かの有名な、ジョージ・ソロスである。

年率三〇%超の男、ソロス

投資をかじったことがある人なら、先のウォーレン・バフェットと同様にジョージ・ソロスの名前も聞いたことがあるだろう。バフェットと異なり、ソロスは株式の値上がりのみを収益機会とするのではない。値下がりしそうな銘柄があれば、それを叩き売って利益を出す。そして株式に限らず、あらゆる相場を投資対象にする。特に、ソロスが名を馳せたイギリスのポンド売りやタイバーツの売りなど、通貨の売りを好んでいるように映る。

ソロスが運用を始めたのは、一九六九年のことだ。最初は、「ダブル・イーグル・ファンド」、そして一九七三年から改名し「クォンタム・ファンド」を運用した。一九六九年からの運用成績を見ると、先のバフェットを上回る成績を残している。ソロスが運用マネージャーからコーチの立場に移った一九八八年までの二〇年の間の成績を確認すると、マイナスになったのは一九八一年のわずか一回だけで一九勝一敗。年率リターンは驚異の三二・九%、元本を約三〇〇倍にしている。

一九八九年以降は、ソロスがコーチで運用マネージャーはドラッケンミラーという体制になるが、そのドラッケンミラーが二〇〇〇年に引退するまでを含

ソロスの投資成績と年間騰落率

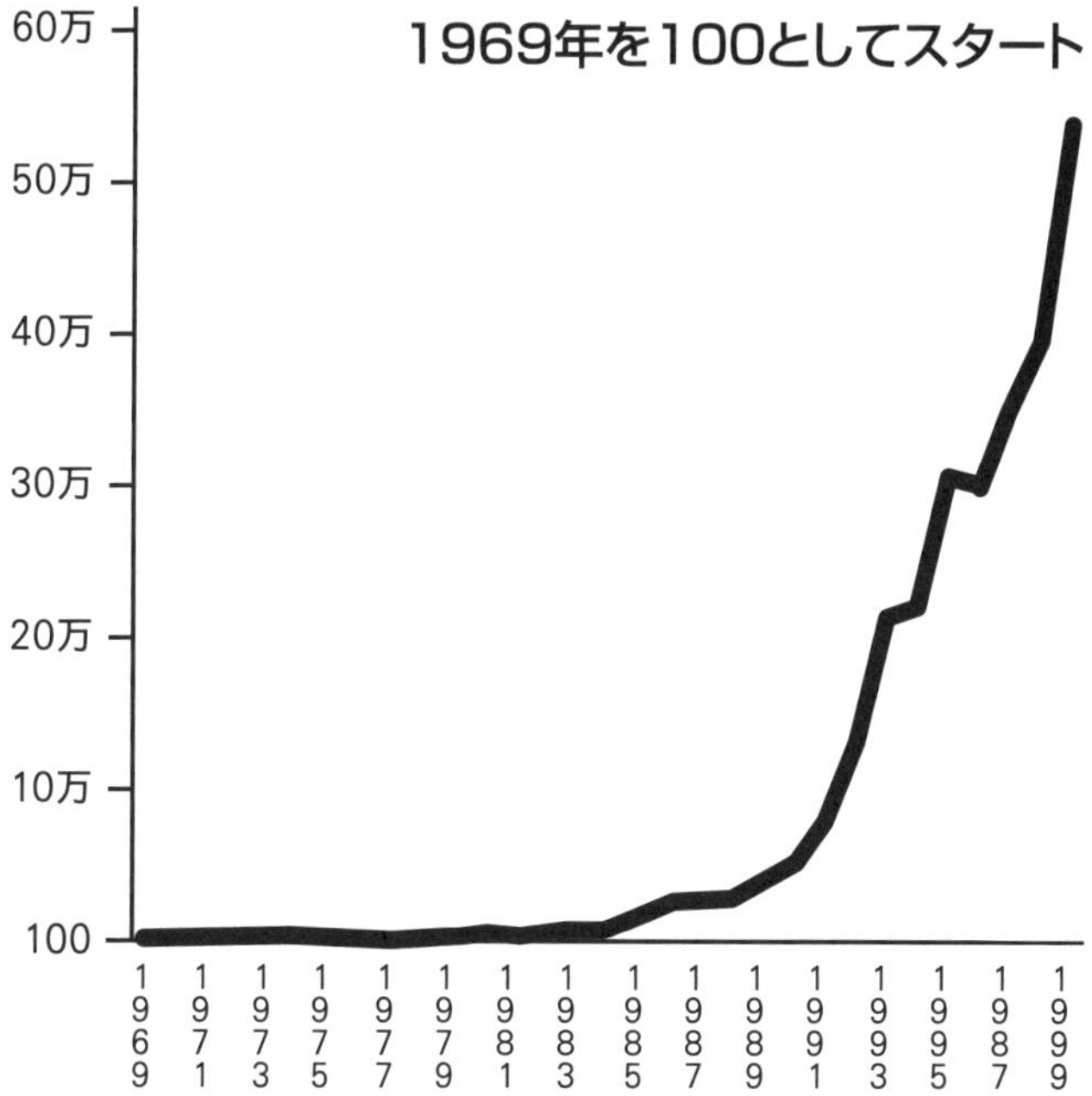

1969年	1970年	1971年	1972年	1973年	1974年	1975年	1976年
29.38%	17.50%	20.32%	42.16%	8.35%	17.51%	27.58%	61.90%
1977年	1978年	1979年	1980年	1981年	1982年	1983年	1984年
31.17%	55.12%	59.06%	102.56%	−22.88%	56.86%	24.95%	9.40%
1985年	1986年	1987年	1988年	1989年	1990年	1991年	1992年
122.19%	42.12%	14.13%	10.14%	31.64%	29.57%	53.30%	68.11%
1993年	1994年	1995年	1996年	1997年	1998年	1999年	
63.25%	3.95%	39.04%	−1.48%	17.13%	12.17%	34.65%	

めた一九六九～一九九九年までの成績を確認すると、二九勝二敗で年率リターン三一・九％、元本は三一年間で五三〇〇倍にもなっている。もし一九六九年に一〇〇ドル預けていたら、一九九九年末には五三万ドル（当時の為替レート一〇二円で五四〇〇万円）になっている計算だ。

そして、なんと運用を開始してから一〇年経過した一九七八年から三一年経過の一九九九年まで年率リターンは常に三〇％を超え、一番高いところは一二年経過時の一九八〇年で三七・二％を記録している。

ソロスを紹介した書籍や文献は、バフェットと比べると驚くほど少ない。それは、ソロスが二〇一一年に引退を表明したことも関係しているだろうが（その後も相場で収益をあげたりしているが）、ソロスの〝秘密主義〟も大いに関係していることだろう。バフェットは、いくつかの機会でその保有している銘柄を惜しげもなく公表している。何よりバークシャーハサウェイ社は上場会社で、その「株主への手紙」でも大口で保有している株式の銘柄名をガラス張りで記載している。対して、ソロスはメディアには登場するものの、自分のポジションを明らかにしない。あるテレビのインタビューで「どの銘柄に注目していますか」の問いかけに対して、ソロスはこう答えている――「誰が言うか」。少し極端ではあるが、ある意味これはプロの投資家としては当然の対応である。この点は、バフェットのように積極的に開示する方が例外と言ってよい。

さて、似ても似つかないようなバフェットとソロスだが、ある一点で共通するところがある。それは、じっくり投資タイミングを待ち、ここぞという時に集中して資金を投入するのである。ここが肝だ。自信がある時にしか相場を張らない。だから、通常では考えられない勝率を出すことができるのだ。それによって複利効果を十分に活用し、莫大な富を築くことに成功したのである。

バフェットとソロスを超えよう

「ウサギとカメ戦法」では、これまで見てきたバフェットとソロスのここぞという時を狙う方法を取り入れる。プロローグ（四ページ～五ページ）にあるチャートをもう一度見てほしい。オプションの取引においては数年に一度くらいの頻度で、とんでもない収益チャンスがやってくる。

二〇〇三年四月二八日に七六〇七・八八円と大底を付けた日経平均は、そこから四ヵ月かけて上昇し一万円台を回復した。この時は、五七五倍のチャンスがあった。そして、二〇〇八年のリーマン・ショックではなんと一〇〇〇倍ものチャンスがあったのだ。

それ以降も二〇一一年三月の東日本大震災の時には一三〇〇倍、アベノミクス相場が始まった二〇一二年末頃には三三五倍、二〇一四年一〇月の「黒田バズーカII」と呼ばれる量的緩和時には五四九倍、そして最近の二〇一八年二月のVIXショックでは六四〇倍とそれぞれ大きな収益チャンスがあったのだ。このようなハッキリしたチャンスの時は、少し欲張って一〇倍ぐらいを狙っても問題ないだろう。

そして、二〇二〇年～二〇二一年（早ければ二〇一九年後半の可能性もあるが）にかけて同じような大きなチャンスが転がっていると推測できる。ニューヨークダウはここにきて再び最高値を更新しているが、二〇一六年や二〇一七年のようななだらかに上昇を続ける相場ではなくなっている。世界的に発生している不動産バブルも、二〇一八年頃からそろそろピークアウトしつつある。だから、二〇二〇年〜二〇二一年（早ければ二〇一九年後半の可能性もあるが）にかけて、二〇〇八年の金融危機で見たショックと似たことが起きるだろう。

その時、オプション取引で一〇〇〇倍規模の収益チャンスが発生するだろう。そこで元手の一〇万円を一〇倍にすることを狙うのだ。その後は、オプション取引でここぞという場面でコツコツと収益を期待して行くのである。

オプション取引において、先に見た三〇〇倍を超える収益チャンスは数年に一度のことである。ただ、二〜三倍の収益チャンスは日常のように転がっており、一〇倍を超える収益チャンスも年に数回は転がっている。昨年二〇一八年では二月にＶＩＸショックによる六四〇倍があったが、それ以外にも一〇月に五〇倍を超える収益チャンスが発生していた。そのような、〝ここぞ〟という時に二〜三倍を狙うのである。

そして、三年かけて二倍、二・五倍、二倍と上手く回して一〇倍にして行くことで、一〇年間の中で一〇倍を三回、つまり一〇倍×一〇倍×一〇倍で一〇〇〇倍にするのを狙っていくわけだ。すると、最初の一年で大きく一〇倍にしたところを追加し、一〇倍×一〇〇〇倍で一万倍、最初の投資額が一〇万円だから、見事一〇年で一〇億円が達成できる計算になるのである（八ページ〜九ページの図参照）。バフェットもソロスも真っ青な、究極とも言える投資効果である。

ここで、毎年二倍〜二・五倍を狙うのが難しい場合には、数年に一度の頻度で起きる三〇〇倍を超える収益チャンスで一〇倍を狙うことも考えられる。ただ気を付けたいのは、一度の収益チャンスで目いっぱい狙ってはいけない。今度来るであろう一〇〇〇倍規模のチャンスで一〇〇〇倍を狙ってはいけないということだ。一度の勝負に全力をつぎ込むと、最初に見た「ウサギとカメ」のウサギのように途中で寝てしまい、ゴールにたどり着けない可能性もあるのだ。

第二章

「一〇〇万円を三週間で四億円にした男」

我、奇襲ニ成功セリ!!　トラ、トラ、トラ

（パール・ハーバー攻撃時の日本海軍の無線暗号）

一九九〇年二月の株式大暴落を予測した男

「オプション」とは本当にどういう代物なのか、といまだに読者はチンプンカンプンの状態かもしれない。そこでオプションの本当の姿を知ってもらうために、私のオプションとの出会いから物語を始めることにしよう。

それは、まさにドラマチックなものだった。

今から二七年も前のことである。一九九二年（平成四年）というとどんな年だったか覚えておられるだろうか。実は、日本と私たちの運命を変えたバブル崩壊というのは、一九九〇年の株の大暴落から始まったのである。つまり、日経平均は八九年年末の約四万円（正確には一二月二九日の終値ベースの最高値三万八九一五円）から一挙に下がり始め、暴落と戻しを交互に繰り返しながら徐々に上値を切り下げて行った。その間、小康状態という比較的穏やかな時期もあった。そして、一九九二年の春頃から、またすさまじい暴落（まさに雪崩のような）が始まったのである。

投資家は打ちのめされ、証券会社は悲鳴で溢れ、新聞や雑誌には「日本そのものが潰れる」「日経平均はこのままでは一万円を割り込む」そして「金融恐慌がやってくる⁉」という悲観論が溢れた。

コトの重大さに気付いた私は、いよいよあの人に聞くしかないかなと思い始めた。その人物とは、株式評論家の浦宏氏である。もう大分前に亡くなっているので、今では知る人もいなくなってしまったが、とんでもない爺さんだった。

なにしろ、あの九〇年二月からの株の暴落を事前に予想し、雑誌にもはっきりと書いていたのだ。その雑誌とは、『週刊文春』のことである。九〇年の元旦号から始まった「浦宏の株式教室」（正確には覚えていないが、そのような名前だったと記憶している）で、「株は年明け早々から前代未聞の大暴落トレンドに入る‼」と予言していたのだ。

あとでそのことを知った私は、驚愕すると同時に元旦号の〆切り日を『週刊文春』の編集部員から聞き出した。すると、一二月の二四日のクリスマス・イ

87年〜92年の日経平均のチャート（月足）

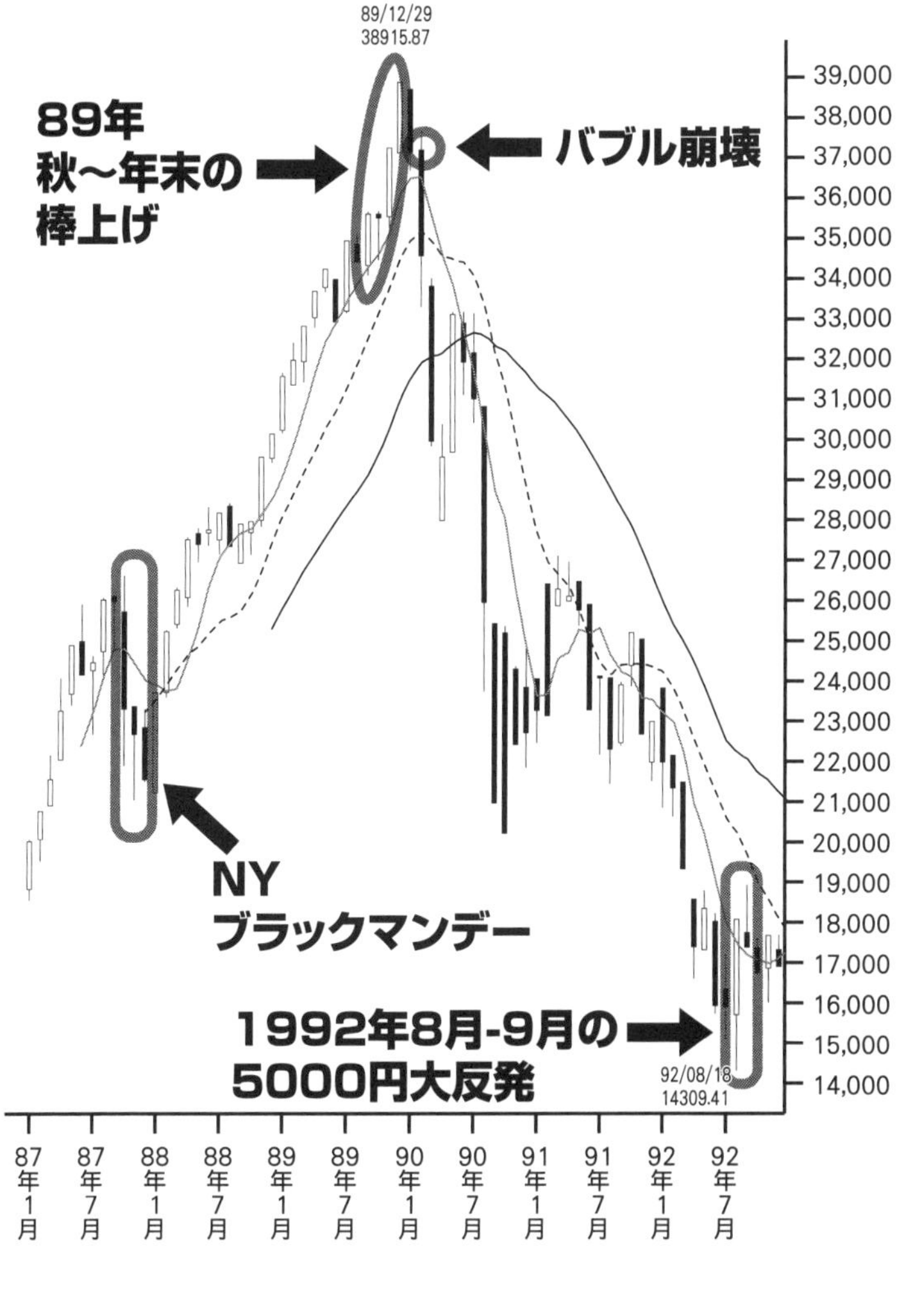
89/12/29
38915.87
89年
秋〜年末の
棒上げ
バブル崩壊
NY
ブラックマンデー
1992年8月-9月の
5000円大反発
92/08/18
14309.41
39,000
38,000
37,000
36,000
35,000
34,000
33,000
32,000
31,000
30,000
29,000
28,000
27,000
26,000
25,000
24,000
23,000
22,000
21,000
20,000
19,000
18,000
17,000
16,000
15,000
14,000
87年1月
87年7月
88年1月
88年7月
89年1月
89年7月
90年1月
90年7月
91年1月
91年7月
92年1月
92年7月

ブであるということがわかった。まだ日本の株は、最後の棒上げ状態にあった時のことである。日経平均が天井を打つのは、その数日後の八九年一二月二九日のことだった。その日は、奇しくもその年の最後の場立ちの大納会の日であった。ということは、浦宏は暴落の直前（しかも、まだ株が上がっている最中）に正確に予測を当てていたことになる。

私はなんとしてもこの相場師に会いたいと思った。好都合なことにこの当時（九一年頃）、私はある人物と組んでバブル崩壊の取材をしていた。その人物とは日本の大手TV局TBSの有名なプロデューサーで、今でも日曜日の朝にやっている『関口宏のサンデーモーニング』なども手掛け、TBS内でもかなりの力を持っていた。実はこのJ氏、以前信用取引で大損していてその損を取り返そうと躍起になっていた。そこで、たまたまバブル崩壊後のトレンドを書いた私の著作を読んで、私に接触してきたのだ。

そこで二人で話し合って、今後のトレンド予測の参考になりそうな人物を多数選び出し、その中から本当にこの人は役に立つという人物にだけ白羽の矢を立てて会いに行った。その中での最重要人物が、この浦宏だった。

しかし、浦宏は会ってみるとなかなか気難しい人で、しかも容貌はまさに妖怪そのものだった。映画『スターウォーズ』の第二作目に出てくる巨大ナメクジのようなジャバ・ザ・ハットという化け物がいるが、ウリ二つというくらいよく似ていた。体も巨大で、まさに「相場界の化け物」と言ってよかった。

だが、相場だけはよく当てた。実際、九〇年二月からのあの株大暴落も直前に公表して見事当てていたのは彼だけだった。宮崎県出身のこの大物相場師は、強い酒がなによりの好物だった。しかも大のわがままで、『ルイ13世』が飲みたいと子供のように私にねだるのだ。『ルイ13世』はブランデーの最高級品の一つで、当時はデパートくらいでしか売っておらず一本一八万円くらいした。今は格安店も多くあるのでもっと安く買えるかもしれないが、当時はどこも定価だった。毎日新聞の写真部に勤務して安月給だった当時の私には、まさに目が飛び出るほどの高級品だった。貯金を取り崩しては、何本先生の自宅へ持って行ったことか。ましてやその値段などは、女房には内緒だった。

そして、いよいよその九二年がやってきた。「もうこれは、浦宏に聞くしかありませんね」とJ氏と相談してご自宅へ押しかけることにした。確かそれは、七月末の暑い日だったと覚えている。セミの声が激しかったのが今でも耳の奥に残っている。例の『ルイ13世』を大事に抱えながら、私たちは先生宅のドアを叩いた。クーラーのよくきいた応接間で浦宏は私たちを待っていた。「先生、大変なことになってきましたね。雑誌の中には日本自体が潰れるとさえ書いているところがありますが。今後本当にどうなるのでしょうか」。

「うーん……」。浦宏はブランデーを舐めながら、私たちの質問には答えずに目をつぶったまま何かを考えている様子だった。私たちも必死だった。「このまま本当に株は一万円を割ってしまうのでしょうか」。食い下がる二人の姿などどこにもないように、妖怪氏はずーっと目をつぶったままだった。

そして五分くらい経ったろうか、突然かっと目を見開いたかと思うと、とんでもないことを言い始めた。「日経平均はお盆明けから大反発する!!」。私たちは思わずのけぞった。そんなことは他の誰も言っていなかったからだ。日経新聞も日経金融新聞も「底なしの下落」というような表現を使っていた。私たちは言葉にこそ出さなかったが、「そんな馬鹿な‼」と心の中で叫んでいた。白昼にお化けを見たような心境で、挨拶もそこそこに呆然とした面持ちで先生のご自宅を辞去した。

帰りのＴＢＳのハイヤーの中は大騒ぎだった。Ｊ氏と私は「信じられないですよねー」。「本当かなー」。「もしそんなこと起きたらそれこそ日本中が大騒ぎになりますよねー」。興奮冷めやらぬ状況で赤坂のスシ屋に着くまで車中には声がこだましていた。スシ屋で冷酒と生ビールでのども潤ってくると、少し冷静になった脳で考えてみることにした。「ここまで下がれば確かに何かキッカケさえあれば大きく反発しても不思議ではないな」。「しかし、そのキッカケとは何だろう」。

それから三日間ほど、私は東京・竹橋の毎日新聞東京本社で仕事をしながら暇を見つけては調査部に潜り込んで、大恐慌時のニューヨークダウのチャートやら一九九〇年以来の日経平均のチャートやらを引っ張り出してきては「ウーン」となりながら頭を抱えながら独り言を言っていた。調査部員たちは、「どうしたんだろう」と不思議に思ったことだろう。

そして三日目に、いよいよある結論に達した。「やはり浦先生の言う通り、もう間もなく日経平均は大反発するだろう」と。

私に「オプション」を教えた相場師

そこで私がとった行動は、かねてから注目していた仕手系銘柄三つを大底付近で買うことだった。つまりは現物株投資だった。そして、いよいよ夏休みが終わってお盆明けのタイミングがやってきた。

なんと、日経平均は浦宏の予言通り、八月一八日頃から見事大反発したのだ。一万四三〇〇円を底に、わずか三週間で五〇〇〇円上昇という歴史的大相場となった。率にして三五％という大変な上がりようだった。新聞、雑誌はまたしても大騒ぎとなった。しかしこの大反発には、実は裏があったのだ。そのことについては、あとでお話ししよう。

ところで、私の現物株投資はどうなったのか。当時毎日新聞に勤めていて安月給だった私には大して余裕もなく、三〇〇万円を投資して三〇％株価が上昇したため〝九〇万円の利益〟が出た程度だった。しかし、サラリーマンだった私にとっては大きな成果だった。

そこで、私はもう一人の大物相場師Ｘ氏のところへ自慢話をかねて報告に行った。Ｘ氏は当時五〇過ぎ。「オレの名前は絶対出すな」という人物で、ここでも実名は伏せてＸ氏ということにしておく。なかなかのすご腕の相場師で、どうやって当てるのかは謎だったが相場の天井と底をピタリと当てるのだ。

そうした天才に応々にしてありがちだが、やはりかなり変わった人で気難しいところがあった。それにとんでもない酒乱で、夕方にでもご自宅へ伺おうものなら、奥の方から「オーッ、浅井が来たか。早くあがって一杯やれっ‼」とどなり声が聞こえてくる。東京板橋区の大和町という下町に住んでいたが、家もボロ家だった。Ｘ氏の後ろに書棚があったが、大変不思議なことにチャートブックや株の専門書などという類いの本は一切なかった。あるのは哲学書や旧約聖書、論語、古事記、歴史書などであった。そのことを問いただすと、「こういう物を読まないと、相場も当てられないんだよ」という返事が返ってきた。

なにしろ奇人だった。しかも先ほど言った通りの酒乱で、あるレベルを越すと手が付けられなくなる。奥さんが「あなた、そろそろにしたら」というのだが、まったく言うことをきかない。ある時など、私の答え方が気に食わなかったのか、X氏は飲みかけのぐい呑みを私に目がけて投げ付けてきた。私はとっさに上体を傾けて酒が入ったままの盃をかわしたが、すぐ後ろで粉々に砕け散った。相場師というよりも、映画に出てくるヤクザの親分のような人だった。

九二年の九月中旬、あの大反発が終わって相場がひと段落した頃に私は板橋区のX氏のボロ家に伺った。やはり、いつものようにすでに酒が入っていたが、どういうわけかその日は上機嫌だった。そこで例の話を持ち出した。もちろん、浦宏のことは一切言わなかった。

「いやー、実はあの八月お盆明けからの大反発にうまく乗りまして、現物株で

1992年4月～10月の相場（5000円大反発）

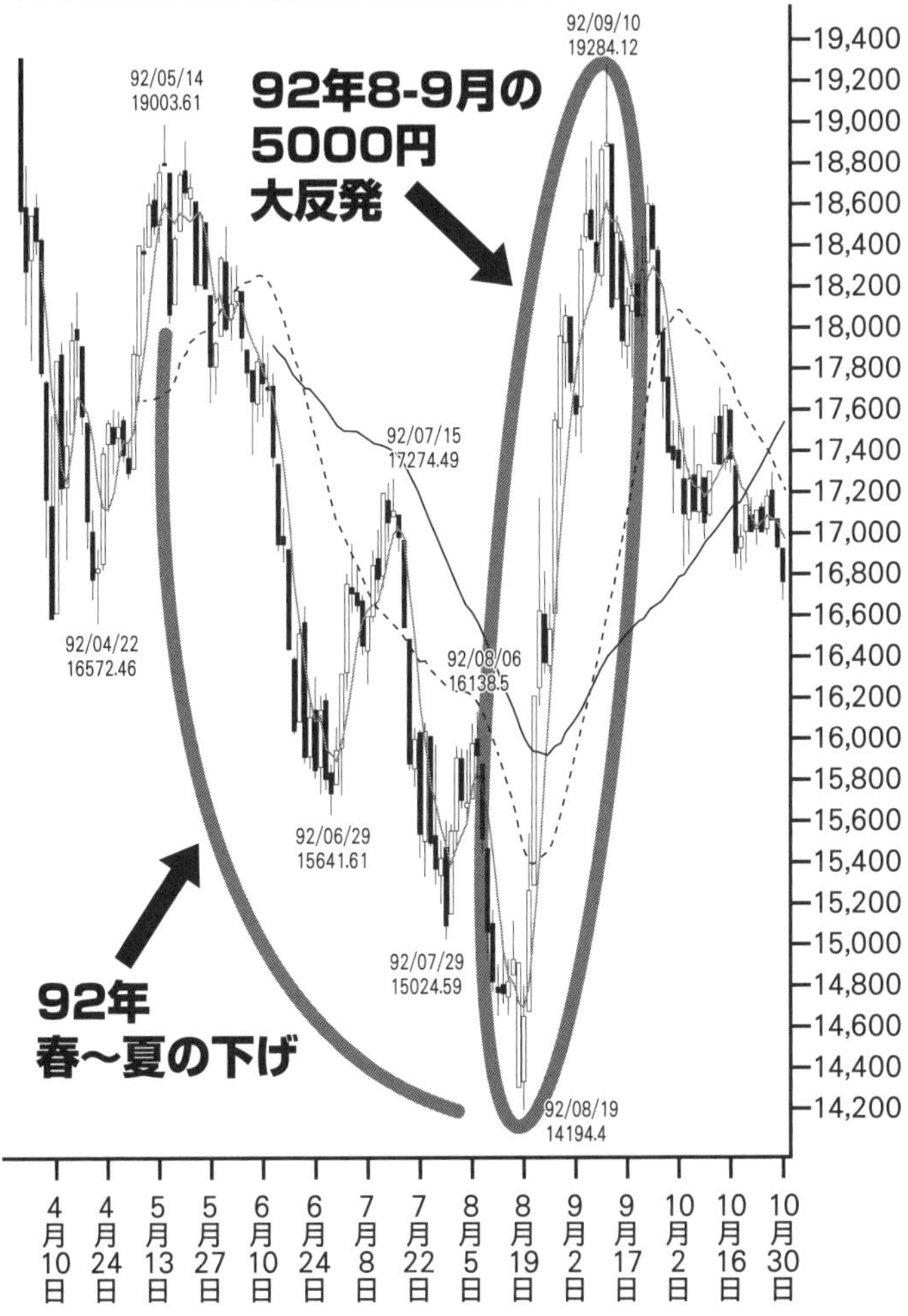
92/09/10
19284.12
92/05/14
19003.61
92年8-9月の
5000円
大反発
92/07/15
17274.49
92/04/22
16572.46
92/08/06
16138.5
92/06/29
15641.61
92/07/29
15024.59
92年
春～夏の下げ
92/08/19
14194.4
19,400
19,200
19,000
18,800
18,600
18,400
18,200
18,000
17,800
17,600
17,400
17,200
17,000
16,800
16,600
16,400
16,200
16,000
15,800
15,600
15,400
15,200
15,000
14,800
14,600
14,400
14,200
4月10日
4月24日
5月13日
5月27日
6月10日
6月24日
7月8日
7月22日
8月5日
8月19日
9月2日
9月17日
10月2日
10月16日
10月30日

三割の儲けを出すことができました」。「大したもんじゃないか」。ところが、その後のX氏の表情は意味深長なものだった。盃を手に私の目をのぞき込むようにしながらニタニタと薄ら笑いを浮かべている。

「Xさん、何かおかしいですか。私の顔に何かついていますか」。「アハハハハッ。いやー、オメェーも〝残念な投資家〟だなーと思ってよ」。「えっ、どうしてですか。もちろん額としては大したことないかもしれませんが、三週間で三割も儲けたんですよ」。「バカヤロー、オメェーは〝オプション〟てやつを知らないだろう。あの三週間で一〇〇万円を四億にしたやつがいるんだよ‼」。

私はのけぞった。まず、その数字が間違いだと思った。「先生、四〇〇万円の間違いでしょ⁉」。「イヤ、本当に四億円だ。日経平均オプションで本当に四〇〇倍になったんだよ。どうもその男は、ある特殊な情報源を持っていたらしいがネ」。私は最初、その話をガセネタ、つまりウソだと思った。いくらなんでも元手が一〇〇万円で、その後、日経平均が三五％上がったからといったって四〇〇倍になるはずがない。

私は確かに、日経平均オプションの存在と名前はすでに聞くだけは聞いて知ってはいた。九〇年からの日本市場の大暴落で米系証券のソロモン・ブラザーズがその下げの仕掛けを作って大儲けしているというのは、私が集英社の『月刊プレイボーイ』のすご腕編集者・中村信一郎と組んで世に発表した大特ダネで、九〇年に『月刊プレイボーイ』と『文藝春秋』に掲載していた。

その中に、ソロモン・ブラザーズが先物（特に先物と現物とのサヤをとる裁定取引）とオプションの取引で莫大な利益を出しているという項目があったので、オプションというものが存在するということは知っていた。しかし、それが本当にどういう代物でどうやって取引するのかということはまったく知らなかった。

実は日経平均に関わる商品には三つのものがある。第一が「現物」で、これは日経新聞が選んだ日本を代表する二二五銘柄の平均値だ。それに対して「先物」がある。これは現実には存在しないもので人工的に作ったデリバティブ（金融派生商品）と呼ばれるもので、東京ではなく大阪証券取引所（現在の大阪取引所）に上場されている。

そして、先物のさらに先に「オプション」という日本人になじみの薄いデリバティブ（金融派生商品）が存在する。オプションは先物同様、大阪証券取引所（現在の大阪取引所）に上場されている。このオプションは、現物を「火縄銃」、先物を「機関銃」とすれば、現代の精密誘導兵器である「ミサイル」に匹敵するもので、時と場合によってはすさまじい威力を発揮する。

そこで、先ほどの三週間で四〇〇倍の話に戻ることにしよう。実は、日経平均のオプションの一九九二年九月物（九月の第二金曜日が清算日）「コール」（オプションの日経平均が上がれば儲かる方の商品）の一万七〇〇〇円は、八月一七日～一八日頃最低価格の五円かゼロ（価格がゼロになることは別の言い方で溶《と》けるという）になっていた。したがって五円で買うことができたのである。

株と違ってオプションは一枚、二枚という言い方をするので、そのオプションをその時点で一枚買おうとすると一枚×五円×一〇〇〇倍となって五〇〇〇円となる。手数料は考えないとすると、一〇〇万円分買う場合は五〇〇〇円×

オプションにはコールとプットがある

二〇〇枚となるわけで、その頃の取引高から見て簡単に買える数量である。

そして、日経平均自体は八月一八日を境に大反発し三週間で五〇〇〇円も上昇したわけだから、一万四三〇〇円↓一万九三〇〇円くらいまで行ったことになる。コールの一万七〇〇〇円から見て一万九三〇〇円は二三〇〇円も上であり、コールの価格も二〇〇〇円くらいかそれ以上になったのは間違いない。

というわけで、一九九二年の九月物コール一万七〇〇〇円は五円が二〇〇〇円になったのである。つまり、倍率にして四〇〇倍である。ということは、八月一七日か一八日にそのコールを一〇〇万円分買った男は、本当に四億円を手に入れたのである。

X氏はその後、何回目かの自宅訪問の時にこの件についてのオフレコ情報を私にささやいた。「このことは絶対に他人に言うなよ」――それから二七年も経っているのでここに書いてもよいだろう。その四億円の男とは、ある政治家の秘書だというのだ。しかし、個別株だとインサイダー取引という恐ろしい話がついてまわるが、日経平均自体は株価操作が不可能なため、オプションでいかに儲けようが当局からインサイダー取引で疑いをかけられたり、逮捕されることも一切ない。それが政治家だろうが政治家の秘書だろうが、一切関係ないのだ。

この話には後日談がある。例の九二年八月〜九月にかけての五〇〇〇円上昇という普通はありえない株価大変動の裏には、とんでもない仕掛けがあったのだ。実は、株価の下落を憂慮していた政府中枢はついに歴史的決断をした。のちに新聞をにぎわすことになるPKOだ。自衛隊が海外で行なうPKOは平和維持活動（ピース・キーピング・オペレーション）だが、この株価におけるPKOは株価維持作戦のことで、英語ではプライス・キーピング・オペレーションとなる。つまり、郵貯や簡保のお金を株に大量投入して日経平均を買い支え、恐慌を防ごうという政府主導の前代未聞の大作戦だ。

それをその年の夏のある日、富士山の麓の河口湖の別荘で当時の竹下元首相と野村証券トップの大田淵が密談をし、その大作戦を決めたという。前出のある政治家の秘書は、その情報を知ってオプション取引をやったのだと推測できる。その政治家秘書氏の巧妙というか賢明な点は、個別銘柄と違いオプションにはインサイダー取引の疑いを持たれないことを知っていたことだ。

この日経平均オプションは、バブル崩壊の九〇年から見て二年ほど前に日本市場にアメリカの圧力の元に導入されたもので、そのオプションと先物を使ってソロモンは四兆円も稼いだわけだから、ある意味で米系証券会社ソロモン・ブラザーズと米政府当局とはどこかでつるんでいたのかもしれない。

いずれにせよ、オプションはすでに日本に三〇年も存在するというのに、日本人のほとんどがその存在もそのすさまじい性能も知らず、ましてや証券マンですらその中身を知っている人はほとんどいない。

ちなみに、先ほどの三週間で一〇〇万円を四億円にした男の話だが、当時はオプションの最低価格は五円だった。今はその後制度が変わり一円となっている。そのため今、九二年八月と同じ大反発が起これば一円で買えていたはずで、それが二〇〇〇円になるわけだから四〇〇倍ではなく二〇〇〇倍となるわけだ。今なら投資した一〇〇万円は、わずか三週間で二〇〇〇倍の二〇億円になって

1992年の日経平均大反発とコールの動き

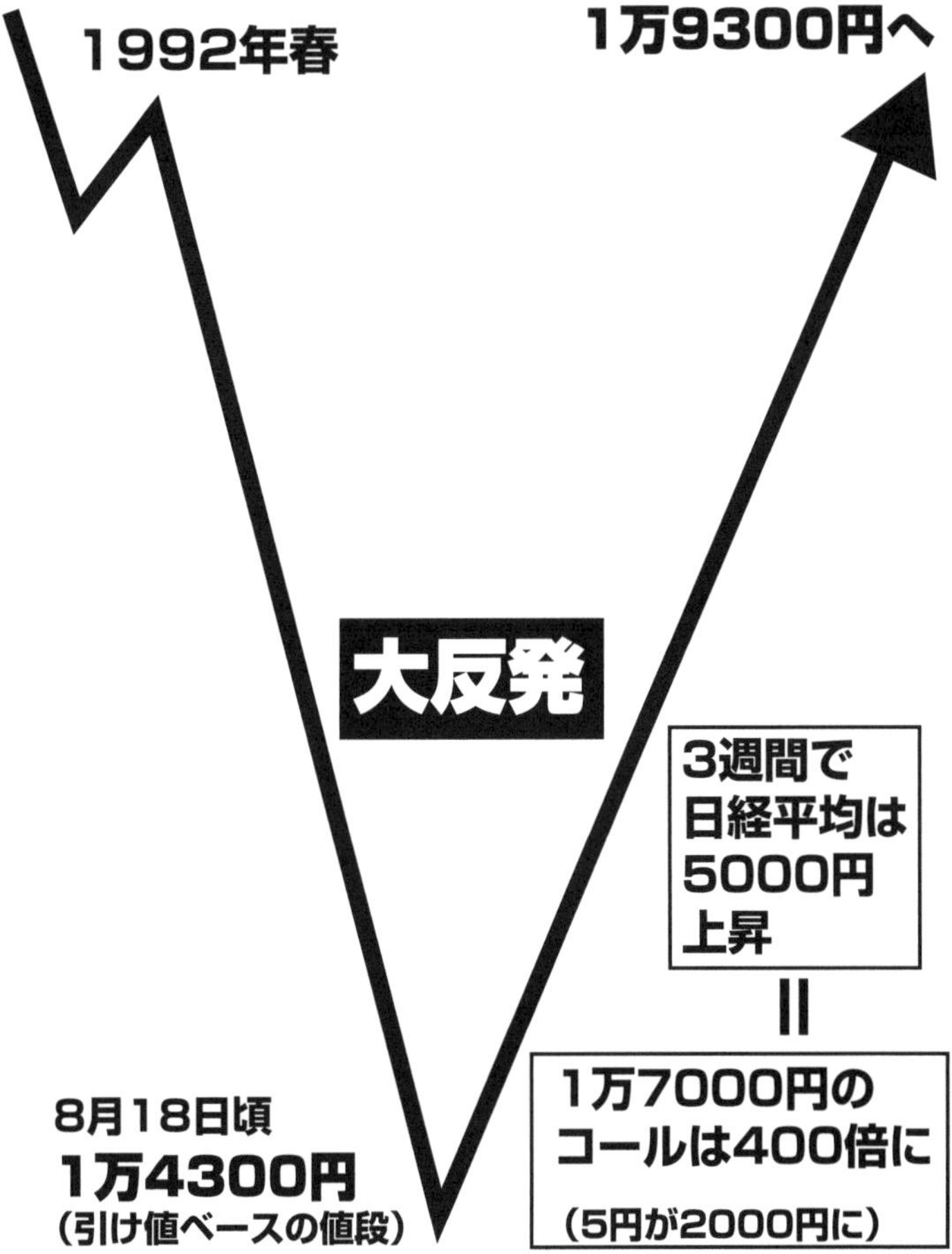

いるはずだ。

あなたもオプションで大富豪になれる！

私はそれ以来二七年間というもの、このオプションの研究を続けてきたわけだが、川上明氏という天才チャーチスト（チャートの専門家）と出会ってまた運命が変わった。彼は、カギ足という江戸時代から伝わる特殊なチャートを自在に操る相場の専門家で、私と彼の両方のノウハウと知識とカンが合体することですさまじい威力を発揮することがわかった。

そこで、今までにない特別な投資クラブである「オプション研究会」を発足した。ご興味のある方は巻末二六二ページをじっくりご覧いただきたい。

オプション取引は、夢のある取引だ。リスクを限定しつつ、数年に一度という大チャンスをものにできれば元手を一挙に数百倍に殖やすことができる。また、プロローグと第一章で述べたように、確実に前進するカメのようにしっかり収益が得られそうな時のみオプション取引を実行し、年に二～二・五倍殖やすだけで一〇年で一〇万円を一〇億円に殖やすことも可能だ。

オプションはサラリーマンやＯＬが唯一資産家になれるノウハウであり、また小金持ちが大富豪へと飛躍できる夢の手段でもある。オプションを一生かけて研究し最大限に活用し、自分の手足とすることができれば、あなたの老後はまさに光輝くものとなるはずだ。オプションこそ、夢を実現するための〝伝家の宝刀〟なのである。

さてそこで、プロローグに登場した四ページ～五ページの図をもう一度見てほしい。すると、大雑把にいって三年に一度の割合でオプションで元本を三〇〇倍にできるチャンスがやってきている。中には一〇〇〇倍を超える例まであるということはオプションを習熟すればあなた自身が「一〇〇万円を一ヵ月で一〇億にした男（あるいは女）」になることも可能なのだ。

ぜひ大きな志を立て、夢の実現へ向かってまい進していただきたい。

第三章

金利〇・〇一%では一〇〇〇年経っても二倍にならない

常識とは、一八歳までに身に付けた偏見のコレクションのことを言う

（アインシュタイン）

歴史的に異常な低金利

〇・〇〇一％――現在の国内大手都銀の普通預金の金利である。毎年夏と冬に通帳に記載される利息の額を見て、ため息をつく（ため息も出ない？）人も多いだろう。これだと、平均残高が一〇〇万円でも利息はわずか四円。通帳には四円の利息が年二回記載される。つまり、年間の利息は八円（税引き後）に過ぎない。

定期預金の金利は、大手都銀で〇・〇一％と多少は高くなる。普通預金金利と比べると一〇倍だから、一〇〇万円を預金すると年間の利息は八〇円（税引き後）ということになる。ATMで預金を引き出す際、時間外手数料を一度でも取られれば、一瞬にして吹き飛ぶほどわずかな利息だ。

ここまで金利が低いと、預金は本当に殖えない。本章のタイトル通り、元本は一〇〇〇年経っても二倍にならないのである。計算すると、なんと六九三二年もかかる。約七〇〇〇年である。今から七〇〇〇年前と言えば、縄文時代の真っ只中だ。つまり、縄文時代から現代までに相当する時間を費やして、ようやく元本が二倍になるということだ。

「ゼロ金利」や「マイナス金利」という言葉が飛び交う中、私たちもこの超低金利が当たり前のように思いがちだが、現在の金利水準は歴史的に見て極めて異常なものと言わざるを得ない。

実は、長期金利の史上最低記録は、長らくイタリアのジェノヴァが保持していた。時は一六一九年、その利率は一・一二五%であった。ゼロ%台が常態化している今ではそこそこの「高金利」にも見えてしまうが、比較的最近までこの一%台という金利は極めて異常な低水準だったのだ。この最低記録が四〇〇年近くもの間、破られなかったことがそれを証明している。

この最低記録を塗り替えたのは、やはり慢性的な低金利に陥った日本であった。一九九八年、わが国の長期金利は一%を割り込み、記録更新となったのである。その後も景気の低迷や株安を反映し、金利は低下を続けた。二〇〇〇年代は一％台、二〇一〇年代はゼロ％台を中心に推移して行った。水準を切り下げる中、次々に最低記録を更新して行き、二〇〇三年六月には〇・四三％まで低下した。そして二〇一六年二月、長期金利はついに初のマイナス圏に突入した。さらに同年九月には「長短金利操作付き量的・質的金融緩和」と呼ばれる新たな金融政策が導入された。この政策により、わが国の長期金利は日銀によってゼロ％近辺に誘導されることになり、現在に至る。

限りなくゼロに近い超低金利時代は、当分続きそうな情勢だ。

銀行の苦境

超低金利の犠牲になっているのは、預金者だけではない。銀行も超低金利に苦しめられている。銀行は、低い金利で調達した主に短期の預金を高い金利で主に長期で貸し出すことで収益を上げる。利ザヤが大きいほど収益も大きくなるが、近年利ザヤは縮小を続けており、本業で稼ぐことが困難になっている。

わが国では、短期金利の基準となる政策金利は直近の一〇年でマイナス〇・一〇~プラス〇・一〇%でほとんど変わらない。一方、その間の長期金利はほぼ一貫して低下している。そして二〇一六年九月以降、わが国の長期金利は事実上、ゼロ%近辺に固定されている。長短金利差がほぼ消滅した結果、銀行は利ザヤの縮小により思うように収益を上げられなくなった。

本業の融資で稼げなくなった銀行にとって、重要な収益の柱が有価証券運用だ。すでに地銀では、本業の儲けを示す業務粗利益のうち、約四割を運用益が占める。以前なら、低金利で集めた預金を国債に投資すれば一定の利益が得られたが、長短金利差が消滅した今では利益を上げることが難しくなった。過去、利回りが高い時期に買った国債については利益が出ているものの、国債には満期があるから数年から一〇年程度で順次、償還を迎える。そのたび、より利回りの低い国債に乗り換えざるを得ず、国債による運用はいよいよ困難になる。

そこで銀行は、国内債券に比べ相対的に利回りの高い米国債などの外債への投資を増やしてきたが、これについてもＦＲＢの利上げに伴う米金利上昇（債券価格下落）により収益を上げづらくなっている。実際、米国債や米国債関連の投資で損失を計上する銀行もある。

もはや、リスクを抑えた保守的な運用で安定的かつ継続的に収益を上げるのは不可能になりつつあり、多くの銀行が過大なリスクを取らざるを得なくなっている。その一例がＣＬＯ（ローン担保証券）への投資だ。ＣＬＯとは、金融機関が企業などに貸し出す債権を証券化した金融商品である。主に格付けが低い企業への融資債権を束ねたもので、リスクがある分、高い利回りが見込める。

このハイリスク商品に日本の金融機関が飛びついているのだ。イングランド銀行（英中央銀行）の推計では、二〇一七年に発行されたＣＬＯの約一割を日本の金融機関が保有しているという。特に保有が多いのが、大手金融機関だ。

中でも保有残高が突出しているのが、農林中央金庫である。ロイターのアンケート調査によると、二〇一八年一二月末時点の農林中金のＣＬＯ保有残高は六兆八〇〇〇億円となった。同年三月末比で一・八倍となり、おおむね三ヵ月に一兆円というハイペースで増加している。ゆうちょ銀行もまたＣＬＯへの投資を急激に増やしており、二〇一八年一二月末の保有残高は一兆円にのぼる。同年三月末比では二倍に増加しており、増加ペースは農林中金に引けを取らない。

その他、二〇一八年一二月末時点の主な銀行のＣＬＯ保有残高は、三菱ＵＦＪフィナンシャル・グループが傘下の三菱ＵＦＪ銀行、三菱ＵＦＪ信託銀行の合算で二兆五〇〇〇億円、三井住友銀行が七七〇〇億円、みずほ銀行が五〇〇〇億円、三井住友信託銀行が三〇四八億円、新生銀行が数百億円などとなっている。この間、メガバンクは残高を大きく増やしてはいないが、運用難に苦しむ中、今後もＣＬＯへの投資を増やさざるを得ない銀行が増えるだろう。

実際、一部の地方銀行も追随し、ＣＬＯの保有を増やしている。地銀の苦境はメガバンクの比ではない。すでに全国の地銀一〇六行のうち半数の五四行は本業赤字に陥っており、五期以上連続で赤字を計上する地銀が二三行もある。

頼みの有価証券の含み益も減少している。二〇一九年三月期決算における上場地銀七八行・グループの有価証券の含み益は、前期比一一％減の四兆七〇〇〇億円となった。日銀の試算によると、一〇年後には地銀の約六割で最終損益が赤字になるという。

地銀においても、収益悪化に歯止めをかけるため、高利回りの社債や株式などのリスク資産への投資を増やす方向にある。その方向性を考えれば、ＣＬＯへの投資に傾斜するのも頷けるが、そこにはメガバンク以上の危うさが漂う。

複数の債権を束ねたＣＬＯは、ただでさえ仕組みが複雑だ。リスクの分析、投資判断には専門的知識が必要になる。しかし、メガバンクに比べ地銀にはそのような専門知識を持った人材は少ない。よって、ＣＬＯの中身をよく理解しないまま保有を増やしている地銀が、少なからずあると見られている。リスク判断の甘さから、将来巨額の運用損失を出す地銀が出てきても不思議ではない。

一向に上がらない金利

この異常な低金利時代はいつまで続くのだろうか？「低成長」「低インフレ」「低金利」という「低体温経済」は、先進国を中心に世界的な現象だ。ＯＥＣＤ

（経済協力開発機構）加盟国の消費者物価指数の上昇率は、一九八〇年には一五％弱に達していた。しかし、それをピークに下落を続け、一九八四年には一〇％を下回り直近一〇年では一～二％台で推移する。

これほどまでに物価が上がらないと当然、金利も上がりにくい。中央銀行の金融政策にしても、インフレを抑えるために利上げが必要になる局面が減り、政策金利も低水準に留まりがちになる。

なぜ、世界はこのような低体温状態に陥ってしまったのだろうか？　成長率が高まらず、物価が上がりにくい理由を端的に言えば、供給過剰か需要不足、あるいはその両方ということになる。いずれにしても、需給のバランスが崩れ供給の方が多く、需要の方が少ない状態だ。

そうなる原因はいくつも考えられるが、大きな原因の一つには経済のグローバル化があろう。先進国が積極的にグローバル化を進めた結果、新興国の安価な労働力が先進国に供給され、製品価格や人件費に下落圧力がかかり、低インフレを招いたわけだ。

ＩＴ産業の急速な発展も、低インフレをもたらしていると考えられる。身近なところで言えば、日本でもおなじみの米アマゾン・ドット・コムに代表される電子商取引の普及が挙げられる。何かしらのモノを買う場合、人件費やテナント料などのコストがかかる実店舗に比べ、ネット通販の方が一般に価格が安い。しかも、価格比較サイトなども広く知られ、消費者は価格の安い業者を簡単に検索することができる。インターネットを使えば、誰でも常にお得な価格で商品を買うことができるわけで、これでは物価はなかなか上がらない。

また、ＩＴ産業は旧来の製造業のように、大規模な生産設備を必要とせず、設備投資にかける費用が相対的に少ない。米アップルなど、自前の工場を持たないＩＴ企業も少なくない。設備投資にお金をかけなければ、ＩＴ企業の利益は増えるが、経済全体への波及効果は当然、低くなる。

グローバル化の進展により、所得格差が拡大していることも低インフレの原因と見られる。巨大ＩＴ企業の創業者の例を出すまでもなく、世界には兆円単位の資産を保有する資産家がいる一方、一日わずか数百円の収入で生活している貧しい人たちも多い。世界銀行によれば、世界の人口の半数近くが一日五・五ドル（約五八九円）以下の収入で生活しているという。世界の半数もの人たちがこれほど収入が少ないと、当然消費は伸びない。

では、資産家が消費すればよいかと言えば、資産が殖えれば殖えるほど消費も比例して伸びるわけではない。たとえば一兆円というお金で考えても、一個人が簡単に使い切れるものではない。しかし、同じ一兆円でも一億人に分配すれば一人一万円ずつとなり、使い切るのは容易だ。超富裕層が増えても、経済全体の消費はやはり伸びにくいのだ。先進国を中心に中間層の所得が減少しているが、中間層の経済力が厚みを増さなければ消費は伸びないし、物価も上がりにくい状態が続くだろう。

こうして消費や投資が不足し、一方で過剰貯蓄（カネ余り）が進むことで、物価も金利も上がりにくくなっているのだ。このような構造的な要因に加え、現在の世界経済を取り巻く環境も金利の上昇を阻む。米ＦＲＢ（連邦準備制度理事会）は二〇一五年一二月以来、断続的に利上げを行なってきたが、二〇一九年に入り金融緩和の方向へと軸足を移しつつある。ＦＲＢの方針転換を号砲に、金融緩和の傾向は世界的に強まっている。同年五月以降、マレーシア、ニュージーランド、フィリピン、オーストラリア、インドが相次いで利下げに動いた。米中貿易戦争の影響もあり、景気減速懸念が高まっているためだ。

一方、厳しいのは日本だ。日銀は現在、短期金利をマイナス〇・一％、長期金利をゼロ％程度に誘導する政策を続けている。長短金利共にほぼゼロで利下げ余地がない中、金利を据え置けば他国通貨との金利差が縮小し円高が進みかねない。

基本的に円高は、国内景気にマイナスだ。そうかと言って、マイナス金利をさらに深掘りすれば、国内金融機関の経営はますます厳しくなる。大幅な金利の引き下げは銀行経営にとどめを刺し、深刻な金融危機を招きかねず、日本については金利の引き下げ余地はほとんどないと言える。本書を執筆している二〇一九年六月時点でＦＲＢは利下げには動いていないが、すでに市場は二〇一九年中の二～三回の利下げを織り込み始めている。

このように、世界で金融緩和の傾向が強まる状況では当然、市場の金利にも低下圧力がかかる。

今後も金利は上がらないのか？

このような状況を踏まえれば、金利は当分上がらないと考えるのが自然かもしれない。しかし、財政学の専門家である土居丈朗氏（慶応義塾大学教授）は、この考えを真っ向から否定する。「諭吉先生のお札が紙切れに、日銀緩和続けば経済大混乱も」と題した土居氏のインタビュー記事は、かなり衝撃的な内容だ。

土居教授（四八）は一四日のインタビューで、政府が巨額の国債を発行する中で「日銀はやがて六割、七割を買い取ってしまうかもしれない」とし、国の財政赤字を日銀が従属的に穴埋めする「財政ファイナンス」との見方を払しょくできなくなる可能性を指摘。その際「慶応の人間としてはあまり言いたくないが、福沢諭吉先生の肖像の一万円札が紙切れになるかもしれない」と語った。

（ブルームバーグ二〇一九年二月一八日付）

土居氏は記事の中で、財政出動と日銀の大量国債購入を繰り返せば、もっとも起こる可能性が高いのは〝金利の急騰〟だと語る。

現在、日銀は金融緩和の一環として、市場から大量の国債を購入している。日銀の国債保有残高は二〇一九年三月末時点で四八六兆円にのぼり、全体の四割を超えている。日銀による大量の国債購入は長期金利の低下をもたらす。しかし、日銀の国債保有比率がますます高まり、買い入れ余地が減少するに従い、日銀の政策に持続可能性がないと多くの人が気付くと、金利を抑制できなくなるかもしれないと土居氏は語る。「インフレが先か金利急騰が先か分からないが、『どちらかが急に起こる可能性はある。日銀が国債を買い入れる度合いが高まれば高まるほど、発生確率は論理的に高まっている』」（同前）というのだ。

ところで、「一万円札が紙切れになる」とはどういうことか？　それはつまり、インフレになることを意味する。しかも、年率数％程度の通常のインフレではない。年率数十％、数百％あるいはそれ以上のハイパーインフレである。物価は複利で上がって行くから、このような高率のインフレが何年も続くと物価は恐ろしいほどに上昇する。

仮に、年率一〇〇％のインフレが一〇年続いたとしよう。一年後に物価は二倍になる。二年後にはさらに倍の四倍、三年後もさらに倍の八倍という具合に上昇し、一〇年後にはなんと一〇〇〇倍を超える。一万円で食べることができたコース料理が、一〇年後には一〇〇〇万円になる計算だ。つまり一万円の実質的な価値は一〇〇〇分の一に減価し、一〇円程度となる。一万円札一枚で買えるのはせいぜい駄菓子一個くらいのものだ。

このインフレがさらに四年、つまり一四年間続くと、物価は一万六〇〇〇倍を超える。円の貨幣価値は一万六〇〇〇分の一になるわけだ。一万円札の価値は一円にも満たず、文字通り紙キレ同然と化す。たかだか四年でこれほどまでに物価が上昇するのは、驚くべきことだ。これが複利の持つパワーであり、恐ろしさなのだ。

マイナス金利の債券という時限爆弾

米中貿易戦争の激化を受け、世界景気の減速懸念が強まる中、世界的に長期金利の低下に拍車がかかっている。リスクオフ（リスク回避）ムードの高まりを受け、リスク資産の株式から安全資産の先進国債券へと投資マネーがシフトし、長期金利が低下（債券価格が上昇）しているわけだ。

本書を執筆している六月二四日時点で、米国の長期金利は二・〇一八％と二〇一七年秋以来の水準となった。日本とドイツの長期金利は二〇一六年夏以来、再びマイナス圏での推移が続く。さらに、フランスの長期金利もゼロ％近辺まで低下し、マイナス圏突入をうかがう。

景気の不透明感と不安定な金融市場の環境を考えると、当分金利低下のトレンドが続くように思うかもしれないが、この水準からのさらなる金利低下余地は限られるだろう。前述のように、特にマイナス金利については金融機関の収益機会を奪う。マイナス金利のさらなる深掘りは金融機関を窮地へと追い込む。経営危機に陥る金融機関が続出し、金融危機を誘発させかねないからだ。

また、このマイナス金利の債券自体が、深刻な金融危機の引き金を引くリスクをはらむ。債券は本来、満期まで保有すれば（発行体がデフォルトしない限り）元本割れしない金融商品だ。それがマイナス金利になると、満期まで保有すると損失を被る金融商品へと変貌する。それでもマイナス金利の債券が取引される理由は、満期を待たずに誰かに転売すれば、より高い価格で売れるという期待があるからだ。「異常な高値の債券をさらに高値で売る」という、まるでババ抜きのような状況だ。

長期金利がマイナス圏で推移するという異常な状況の中で、高値で転売できるという期待が剥《は》げ落ちたらどうなるか。長期金利はプラス圏をめがけて一気に上昇するだろう。そして、積み上げられた巨額の債券買いポジションは膨張する評価損に耐えられなくなり、一気に投げ売りが始まる。恐ろしいことにマイナス金利の債券は、世界で一〇兆ドル（約一〇七〇兆円）に達するという。世界的な債券安（金利急騰）を受け、株式市場が暴落、金融危機に突入する——このようなシナリオも十分想定すべきだろう。

米国の財政悪化がもたらす金利上昇

金利上昇を予測する専門家は他にもいる。「新債券王」と呼ばれる著名投資家のジェフリー・ガンドラック氏もその一人だ。彼は「ＦＲＢが利上げを進める中で政府債務が膨らみ続ける状況は非常に危険。五年以内に問題になりうる」として、米国の長期金利について「二〇二一年までに六％に達する」（日本経済新聞二〇一八年一一月二九日付）と予測している。

ガンドラック氏が指摘するように、米国の財政収支は急速な悪化が見込まれる。米議会予算局（ＣＢＯ）が公表した一〇年間の長期財政見通しによると、二〇二九会計年度（二八年一〇月〜二九年九月）の財政赤字は一兆三七〇〇億ドル（約一四七兆円）となり、二〇一九年度比で一・五倍に膨らむという。利払い費も急増し、二〇一九会計年度の三八三〇億ドルから二〇二九年度には九二八〇億ドルになると分析している。

米国の長期金利は、数十年単位の長期サイクルで見ても、長期上昇トレンドに入る時期にきている。実は米国の長期金利には、数十年周期で金利上昇局面と金利低下局面を繰り返す傾向が見られる。

米長期金利は一九四〇年代にはおおむね二%台という低水準で推移していたが、そこから上昇局面に入り一九八〇年代前半には一〇%を上回り、一時は二〇%近くまで上昇した。そこで上昇局面は終了し、その後、金利は低下局面に入った。三十数年かけて金利が上昇し、一九八〇年代前半にピークを打ち、そこから金利が低下し、ちょうど三十数年が経過したところである。

しかも現在の金利水準は、前回の金利の谷と同じ二%台という低水準にある。一九四〇年代に現れた前回の金利の大底では低金利が比較的長く続いたため、現在の低金利ももうしばらく続く可能性はある。しかし、長期サイクルの面では、いつ金利上昇局面に入っても不思議ではないのだ。

金利は必ず上昇する

ここで四〇〇年前に時計の針を戻そう。一七世紀初頭のイタリア・ジェノヴァである。当時、地中海貿易で富を蓄えたジェノヴァは債権大国の都市国家として栄え、やがてヨーロッパの金融センターの地位を確立した。ジェノヴァの銀行家は、覇権国家であったスペインの戦費調達を支援し、ジェノヴァには大量の金銀が流入した。このカネ余りがイタリア国債にも向かい、歴史的な超低金利をもたらした。

そしてついに一六一九年には、一・一二五％という当時の史上最低金利を記録したことはすでに述べた。一六一〇年代の一〇年間、長期金利はほぼ一％台で推移し、誰もがこの超低金利は当分続くと考えていたに違いない。

しかし、その史上最低金利がまさに大底であった。スペイン王家が衰退するに従い、ジェノヴァにも信用リスクが波及すると、ほどなくして金利はすさまじい勢いで上昇して行った。六年後の一六二五年には、ジェノヴァの金利は六％近くに達した。スペイン王家の衰退と共にジェノヴァも没落、歴史的な超低金利時代はあっけなく幕を閉じた。

これはどこか、現在の世界的な超低金利に通ずるものがある。米国で利下げ観測が強まる現在、金利低下圧力が世界的に強まっており、金利が上昇する兆しはほとんど見られない。多くの人たちがこの異常な超低金利に慣れている。「異常」を「異常」とも感じなくなっている。この状態が当分続くと考えるのが普通になっているが、多くの人たちがそのように考えることこそが恐ろしい。

ふとしたきっかけでトレンドが逆回転した時、異常さに気付いた多くの投資家がこぞって債券を投げ売りし、金利が多くの人たちの予想をはるかに上回る勢いで上昇する可能性は十分ある。ちょうど四〇〇年前のように……。

金利はいずれ、そう遠くない将来に必ず上昇するに違いない。

金利上昇は何をもたらすか？

金利上昇はおそらく私たちの生活を劇的に変えるだろう。金利が上がれば、限りなくゼロに近い水準まで低下した預金金利も上がる。受取利息が増え、資産運用には追い風となるだろう。預貸金利ザヤが拡大することにより、銀行をはじめとする金融機関の事業環境も好転するだろう。

しかし、金利上昇は万人にとって無条件にハッピーとは言えない。金利上昇は債務者を苦しめる。債務には利払いがあり、金利が上がれば負担は増す。最近の不動産価格上昇に超低金利という環境下で、身の丈を超えた住宅ローンを組んでいる人も少なくない。特に首都圏では、平均的な収入のサラリーマンの場合、多少の背伸びをしなければ、都内にマイホームを持つことは難しい。金利の変動を甘く見て、無理をして住宅ローンを組んだ人たちは金利の上昇で利払い負担が増え、生活が一気に苦しくなる。住宅ローン破産も急増するだろう。

金利上昇でもっとも困るのは、より多くの債務を抱える者だ。では、わが国で最大の債務者は誰か？　日本国政府である。わが国の政府債務はすでに一〇〇〇兆円を超えている。財務省が発表する、国債や借入金を合計した「国の借金」は、二〇一九年三月末（二〇一八年度末）時点で一一〇三兆三五四三億円にのぼる。二〇一七年度末に比べて一五兆五四一四億円増加し、三年連続で過去最大を更新した。

実は、現在のわが国財政を取り巻く環境は決して悪くない。いや、むしろ絶好の環境と言っても過言ではない。二〇〇九年度には三八・七兆円まで落ち込んだ税収は、この一〇年で大幅に増加した。二〇一九年度の一般会計予算では、税収は六二・五兆円と過去最高を見込む。バブル期以来、約三〇年ぶりの六〇兆円台だ。

一方、債務の利払いと償還に要する費用である国債費は二〇一九年度で二三・五兆円と増加ペースは非常に緩やかで、二〇年近く前である二〇〇〇年度の二一・四兆円とさほど変わらない。これだけ巨額の債務にも関わらず国債費の増加が抑えられているのは、慢性的な低金利のお陰だ。実際、利払費については、税収がもっとも多かった一九九〇年度には一〇・八兆円あったが、二〇一九年度は八・八兆円と見込まれる。この間の公債残高は一六六兆円から八九七兆円へと爆発的に増えている。

ところが、金利は六％台からゼロ％めがけてどんどん低下して行った。そのため、利払い負担が減るという〝奇跡〟が起きているのだ。税収は過去最高を記録する一方で、超低金利により利払い負担は減る。財政にとってこれほど都合の良いことはない。まさに絶好の環境である。

しかし、驚くべきことにわが国の債務残高が減ることはなく、毎年のように過去最大額を更新しているのだ。この事実を見ても、わが国の財政再建が不可能であることがよくわかる。財政再建が不可能ということは、私たちを待ち受けるのは〝財政破綻〟ということになる。現在のゼロ金利からわずかでも金利が上昇すれば、わが国の財政運営は相当厳しくなるに違いない。

借金をざっと一〇〇〇兆円としても、金利が一％上昇すれば単純計算で利払い負担は一〇兆円増える。金利が五％上昇すれば、利払い負担は五〇兆円となり、税収の大部分が利払い負担に消えることになる。

超低金利が慢性化した日本で、金利が五％も上昇するというのはちょっと想像できないかもしれない。しかし、金利がじわりじわりと上昇する過程で利払い負担が増えると、それまでと同じ予算は組めなくなる。一〇〇〇兆円超という巨額の借金を抱えた状態で金利が上昇トレンドに転じた場合、増大する利払い負担を税収増や歳出削減でカバーすることはまず期待できない。

すると、歳入の不足分をカバーするために新たな借金に頼ることになる。つまり、国債発行を増やすわけだ。その時に、国債を順調に消化できる（買い手が付く）かは大いに疑問だ。長期金利の上昇は、国債価格の下落を意味する。金利が上昇トレンドに入った場合、下落する可能性が高い国債を積極的に買おうという投資家は限られるだろう。

そうなると、もはや買い手は日銀以外にない。現在のように、あるいはそれ以上に日銀が国債を買うことで、すでに四割を超える日銀の国債保有割合はさ

利払費・金利・公債残高の推移

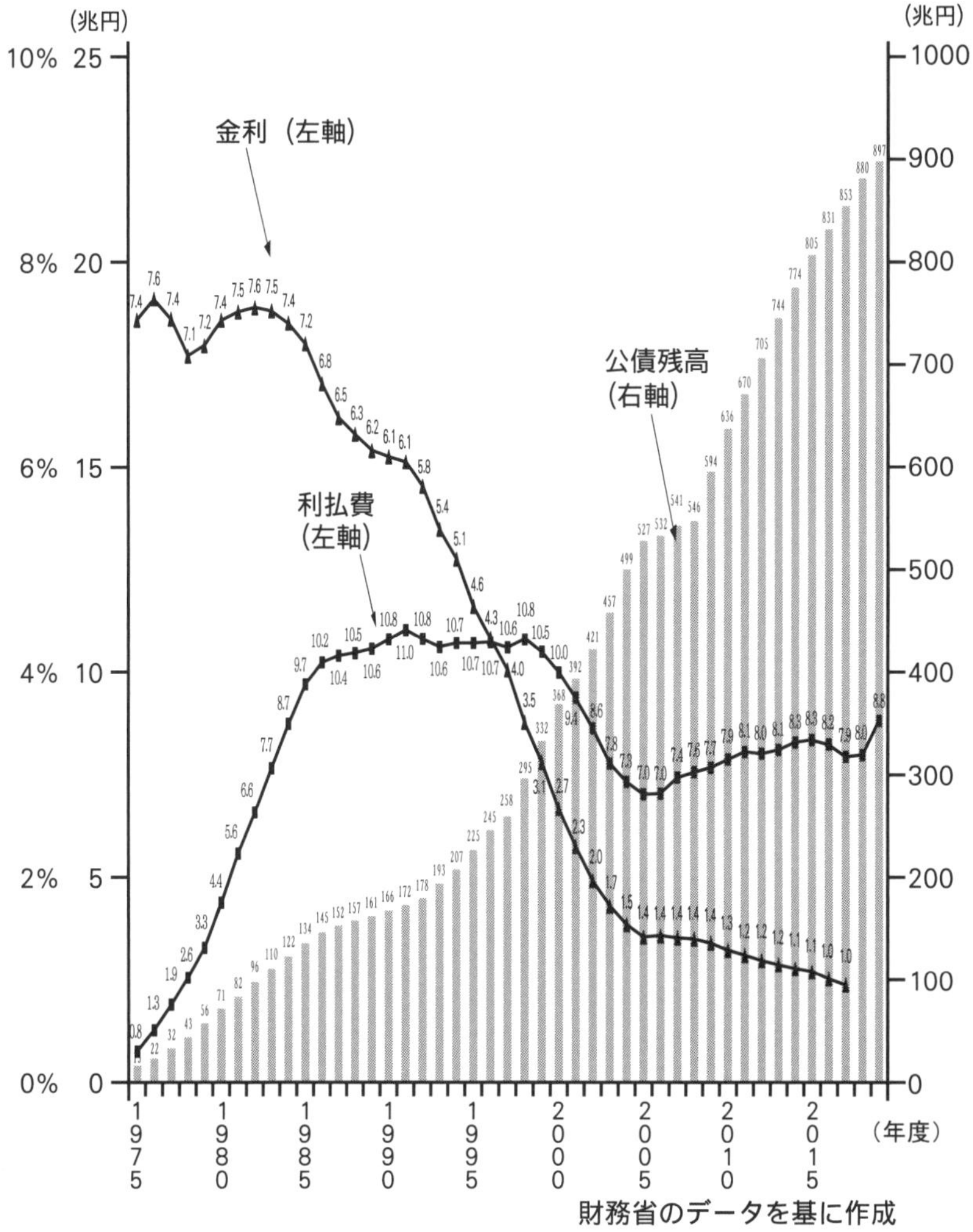

財務省のデータを基に作成

らに増える。すると、土居丈朗氏が指摘するように、日銀の政策に持続可能性がないと多くの人が気付き、金利を抑制できなくなる可能性が高まる。金利は五％程度では収まらなくなるだろう。

金利の急騰（国債の暴落）は政府の利払い負担をますます増大させ、財政を圧迫する。歳入はますます不足し、さらなる国債発行を余儀なくされる。そして金利はますます上昇する……。このような悪循環に陥る可能性も十分ある。

仮に、日銀が国債を買い支えることで国債市場を制御できたとしても、それで問題解決とはならない。乱発される国債や国家財政に対する市場の不信が高まると、国債という〝不良資産〟を大量に保有する日銀の資産は劣化する。その結果、日銀の信用力は低下し日銀が発行する日本銀行券つまり通貨「円」の価値も低下する。また、国債の買い取り資金として通貨が大量に市場に供給されることによって、通貨価値が希薄化する。これらの通貨価値の低下、希薄化はインフレ、円安という形で顕在化する。

それは、国家の破産そのものであり、場合によっては「一万円札が紙切れになる」ようなハイパーインフレや極端な円安となって国民生活を破壊しかねない。最悪、円の価値はほぼゼロになり、日本円で相当高額の資産を持っていたとしても価値はほとんどなくなってしまう。虎の子の預金も命綱の年金も事実上、消滅するのである。

金利上昇、ハイパーインフレ……国家破産で私たちの資産は？

国が破産すれば、私たち国民の生活は悲惨を極める。サラリーマンの給料や高齢者の年金も物価上昇に合わせ、ある程度は上昇する。しかし、それは平時の話だ。混乱を伴うハイパーインフレ下では、給料や年金額の上昇はインフレ率に到底追い付かず、生活はみるみるうちに苦しくなる。

ハイパーインフレにより円の購買力は低下するため、私たちの預貯金も実質的に目減りする。金利が急騰すれば、預貯金の利息も増える。しかし、預金金利は通常、毎日改定されるものではない。日々進行するインフレによる目減りの影響の方が大きくなるのは目に見えている。

もちろん、利息がまったく付かない現金よりは預貯金の方がマシではある。しかし、恐いのは預金封鎖だ。昭和二一年に実施された預金封鎖では、資産額に応じて財産税が課せられた。最高税率は資産額の九〇%に達し、多くの資産家が財産を失い、没落して行った。

株も厳しい。金利上昇は負債を抱えた企業に大打撃を与える。株の暴落は避けられないだろう。ただし、インフレ自体は株価をかさ上げする。そのため、株価が大きく上昇する可能性もあるが、やはりインフレ率には遠くおよばず、多くの銘柄で株価の実質的価値は目減りするだろう。

私が以前から申し上げていることだが、国家破産時に資産を守る基本は、「資産を外貨建てで持つこと」と「海外に持つこと」だ。そして、それを実践するのにもっとも現実的で有効な手段が、「海外ファンド」と「海外銀行口座の活用」だ。これらのいわば守りの資産とは別に、株が暴落するような混乱時に大きな利益を狙える方法がある。それこそ「日経平均オプション」だ。

前章でも述べたように、オプション取引なら市場の動向によっては短期間で資産を数百倍に殖やすことも可能である。しかも、買い建ての場合、最大損失リスクは投資した額に限定される。たとえば、一〇万円投資した場合、何が起ころうとも、損失が一〇万円を上回ることはないのである。

もちろん、ごく短期間のうちに資産を数百倍に殖やすようなチャンスは頻繁に訪れるわけではなく、大体数年に一度くらいのものだが、資産を数倍から一〇倍程度に殖やすチャンスなら年に数回はある。第一章で述べた「ウサギとカメ戦法」でかなり慎重に行なっても、資産を一年間で二倍にすることはオプションであれば十分可能なのである。一年で二倍ということは、年利回りは一〇〇％ということになる。メガバンクの定期預金金利〇・〇一％とは一万倍、普通預金金利〇・〇〇一％とは一〇万倍もの差である。

オプション取引も投資である以上、当然リスクがあるが、適切に資金管理を行ない余裕資金で無理なく運用するのであれば、他の投資にはない非常に夢のあるやり方になると言える。

第四章

先物、FX、信用取引は死んでもやるな！
——オプションの〝買い〟だけなら追い証は出ない

あなたの投資の鉄則は何ですか、という浅井の質問に対しての答え、
「なるべく損をしないこと」（リーマン・ショックで数千億稼いだカイル・バス）

一〇〇万円が一日で七万円に

今年（二〇一九年）の初め、『東洋経済オンライン』に〝カリスマ投資家〟と呼ばれる内田衛氏がこんなタイトルのコラムを寄稿していた。「二〇一九年に個人投資家がやってはいけないこと　年初から株やFXで大損する人が続出している」。何をやってはいけないというのか？

『フラッシュクラッシュ』対策は、どうすればいいのか？

【一月三日　木曜日】NYダウは、一八ドル高の二万三三四六ドルと小反発。しかし、外国為替相場が大きく円高に動いた。一二月二九日土曜日の朝では、一アメリカドル＝一一〇円一九銭で引けていたが、午前七時三五分ごろ、一アメリカドル＝一〇四円台後半をつけ、二〇一八年三月以来、約九カ月ぶりの円高ドル安となった。一一時四九分では、一アメリカドル＝一〇七円一八銭と戻している。

アメリカのアップル社が、中国での販売不振を理由に売上高を下方修正したことがきっかけと報道されているが、日本が休みで取引が薄い時期を狙って仕掛けられたのではないかと思う。わずか一分で四円前後も円高に動き「フラッシュクラッシュ」（瞬時の急落）という現象が起きた。このときに、レバレッジをかけてアメリカドルを買っていた多くの投資家が、証拠金不足による強制ロスカットをされ、売りが売りを呼び、下げが加速する。

前にも少し書いたことがあるが、私が初めてFX（外国為替証拠金）取引をした約一〇年前、一〇〇万円を口座に入れて、当時、高金利通貨であったニュージーランドドルを低レバレッジで買っていたが、始めてまもなく、八月のお盆の時期に、七～八円程度の円高に見舞われ、翌朝、ポジションを確認したら買いポジションは、強制ロスカットされてなくなり、一〇〇万円あった証拠金が七万円になっていた。高い授業料だったが、こうしてやられてしまうのだなと思った。ＦＸ取引をしている投資家は、こうした厳しい洗礼を一度は経験をしているのではないか。このようなときには、証拠金を厚くしておくか、ポジションを手仕舞いしておくか、ストップロス注文を入れておくような対策が必要だろう。
（東洋経済オンライン二〇一九年一月一八日付）

そして、この日のコラムのラストは、次のように終わっている。

一二月二五日のクリスマスの日経平均一〇一〇円安の急落で、ある証券会社では、信用取引の追証発生件数が、アベノミクス以降で最悪水準だったそうだ。また、一月三日のフラッシュクラッシュで、ＦＸ投資家は強制ロスカットにより、大損している人が続出している。
年末年始の株急落と円高で、個人投資家が痛めつけられている。今後も米中貿易戦争をはじめとして懸念材料が山積しており、どのような結果になるのか予想が難しい。今年は、株の信用取引やＦＸの高レバレッジ取引など、身の丈を超えた取引は、投資を長く続けるためにも、控えたほうがよいのではないかと思う。

（同前）

本書の読者は投資に関心のある方であろうから、二〇一八年末の株の急落、そして二〇一九年初の瞬時の円高は記憶に新しいのではなかろうか。内田氏は、予測が難しく相場が急変する二〇一九年は、株の信用取引やＦＸの高いレバレッジ取引などは止めた方がよいという。これは内田氏自身が一〇年前、一〇〇万円が一日にして七万円になってしまったという、手痛い経験に裏打ちされた意見だ。傾聴するに値するアドバイスだと言えるだろう。

私も内田氏とまったく同意見だ。一般投資家がこのような取引に手を出すことは、絶対にお勧めしない。こういった取引は、もちろんすごいハイリターンを狙える。しかしその一方で、一日にして一〇〇万円が七万円になってしまうほどのリスクを伴う取引でもあるのだ。

レバ二五倍のFXでは、二円強円高に動いただけで強制ロスカット

ところで、読者の中には、普通の株式投資はやったことはあっても、FX取引や株の信用取引などの経験はないという方も少なくないであろうから、簡単に説明しておこう。

まず、先のコラムで内田氏が述べていたFX取引における「高レバレッジ」と「強制ロスカット」についてだが、FX取引というのは米ドルとか円といった為替の取引のことをいう。

たとえば、一米ドル＝一〇〇円の時に一〇〇万円分米ドルを買ったとする。一〇〇万円分の米ドルは一万米ドルだ。ところが、その後円高が進んで一米ドル＝九〇円になってしまった。これ以上円高が進むのが怖いので、そこで米ドルを売って円に戻す。すると一万米ドルは九〇万円になってしまう。一〇万円の損失だ。これが逆に一米ドル＝一一〇円になった時に米ドルを売ったとすれ

ば、一一〇万円になって一〇万円の利益。

いずれにしても、ドル／円が一〇円も動いたにも関わらず、損益は一〇万円にしかならない。しかし、FX取引は「レバレッジ」をかけることができる。レバレッジとは、原義が「てこの作用」という意味だ。てこを使うと、小さな力でも重い物を持ち上げることができる。それと同じように、小さな元金で大きな金額を取引できる。それが、レバレッジの意味だ。

たとえば先の例で、一〇倍のレバレッジをかけたとしよう（ちなみに日本では、FX取引で二五倍までレバレッジをかけることができる）。すると一〇〇万円で一〇〇〇万円分、すなわち一〇万ドルの米ドルを買うことができる。

「何でそんなことができるのか？」といぶかしく思われた読者もいるかもしれないが、一〇〇万円を担保にして九〇〇万円を借り入れたとお考えいただければよいだろう。この時、先ほどと同じような為替の動きがあったとしよう。一米ドル＝九〇円になってしまった。すると買った一〇万米ドルの日本円での価値は九〇〇万円に下がる。一〇〇〇万円が九〇〇万円に。一〇倍のレバレッジをかけた分、損失も一〇倍になって一〇〇万円だ。

これがレバレッジ取引の怖いところで、もちろん逆に一米ドル＝一一〇円の円安になれば利益も一〇倍の一〇〇万円になるのだが、レバレッジを高くすればするほど、儲けも損失も大きくなる。いわば、博打的になって行くわけだ。

さて、円高で一〇〇万円の評価損が出てしまったケースに戻ろう。ＦＸ会社としては一〇〇万円を担保にしていて一〇〇万円の損失が出てしまっている状態であるため、これ以上損失が出たらＦＸ会社自身の損失になってしまう。それは避けなければならない。そこで、ＦＸ会社側はこの段階で強制的に取引を停止してしまう。これが「強制ロスカット」だ。

これで高レバレッジと強制ロスカットのイメージは湧いたことであろうが、実際にはもっと複雑で、「証拠金維持率」というのが関わってくる（ここからは、イメージさえわかればよいという方は、斜め読みしてもらって構わない）。「証拠金」とは、要は担保だ。相応の担保を入れておかなければ借り入れはできない、ということだ。証拠金維持率は下記の式で計算する。

有効証拠金÷必要証拠金×一〇〇＝証拠金維持率

「必要証拠金」とは、文字通りその取引をするポジションを取るのに必要となる証拠金だ。「有効証拠金」とは、「必要証拠金」プラス「含み損益」。損益を加味した上での純資産ととらえていただくとよいかもしれない。強制ロスカットになる場合は、当然「含み損」が出ている時だから、その場合の「有効証拠金」は「必要証拠金」マイナス「含み損」だ。

まず、FXの口座に一五〇万円入金した。ここからスタートしよう。そして、先ほどと同じように一〇倍のレバレッジで一〇万米ドルを買う。必要証拠金も先ほどと同じように一〇〇万円だ。ではこの時、有効証拠金はいくらになるかというと、まだ損益は出ていないから入金した一五〇万円がまるまる有効証拠金になる。この時の証拠金維持率は、下記の計算で一五〇%となる。

一五〇万円（有効証拠金）÷一〇〇万円（必要証拠金）×一〇〇＝一五〇%（証拠金維持率）

ところが、円高が進んで九〇円になってしまった。評価損は先の例と同じで一〇〇万円だから、それを差し引くと有効証拠金は五〇万円。この時、証拠金維持率は五〇％になる。計算式はこうだ。

五〇万円（有効証拠金）÷一〇〇万円（必要証拠金）×一〇〇＝五〇％（証拠金維持率）

この証拠金維持率五〇％が重要なラインで、五〇％を切ると強制ロスカットが執行される。そうすると、このポジションを取るための必要証拠金一〇〇万円は吹き飛ぶが、まだ五〇万円の余裕分は残る。もし、この余裕分がなかったら損失が五〇万円になった段階（一米ドル＝九五円）で証拠金維持率は五〇％になってしまうから、激しい為替変動に見舞われた時などはあっという間に強制ロスカットされてしまうことになる。だから、本章冒頭で紹介したカリスマ投資家内田衛氏は、「このようなときには、証拠金を厚くしておく」とアドバイスしているのだ。

さて、今までレバレッジ一〇倍で説明してきたが、最大の二五倍だとどうなるだろうか？　二五倍だから四〇万円で（四〇万円を担保にして）一〇〇〇万円分の米ドルを買うことができる。先と同じ条件、一米ドル＝一〇〇円で計算すると一〇万米ドル買えるわけだ。

今、この取引をする人がお金に余裕がなく、手持ちの四〇万円をすべて使って米ドルを買ったとしよう。さて、為替が少し円高に動いた。一米ドル＝九八円になった。この時、証拠金維持率は何％になるだろうか？　必要証拠金は四〇万円。問題は評価損の額だ。一米ドルで二円の損失なのだから、一〇万米ドルだと評価損は二〇万円。すると、有効証拠金は四〇万円マイナス二〇万円で二〇万円となり、証拠金維持率を求める式はこのようになる。

（有効証拠金）二〇万円÷（必要証拠金）四〇万円×一〇〇＝（証拠金維持率）五〇％

そう、最大限二五倍のレバレッジをかけていた場合、わずか二円あまり為替が動いただけで、強制ロスカットということになってしまうのだ。

「確証バイアス」に要注意

ここまで、「高レバレッジ」と「強制ロスカット」について説明してきた。その怖さをご理解いただけたことと思う。もちろんこの逆の〝大儲け〟もあり得る。今の例の反対で、わずか二円円安に振れただけで五〇％もの利益を得ることができる。しかし、そんな博打的な投資、いや投機は絶対やめた方がよい。なぜなら、そんな大博打を打とうとする人はそれなりの確証を持っているからそれに賭けようとするわけだが、その「確証」こそが危険であるからだ。

行動経済学に、それこそ「確証バイアス」という言葉がある。「バイアスがかかる」という言い方があるが、偏るという意味だ。行動経済学における確証バイアスとは、確証に偏るということ。かみ砕いて言えば、自分が信じた確証に基づいてそれに合う情報をピックアップし、それに否定的な情報はさらっと流したり、信じないようにする。さらには、確証に否定的な意見を述べている人に対して「こいつはオカシイ」などと思って腹まで立てたりする。そういう傾向があるということだ。

なぜそういう風に心が動く傾向があるかというと、心理学的に見ればそれは自分を守るためだ。自分の選択は正しかったのだということを信じたい、自分のプライドを守りたい、そういう気持ちは誰にでもある。その心理が確証バイアスにつながるのだ。いかに「この考えは合理的だ」と思っていても、思い込んでいればいるほど実は「合理的」からは離れて行く。しかし、確証バイアスにはまった人間はそうは思わないのだ。

高レバレッジ取引で円安に賭ける人は、何らかの情報によって「絶対円安になる！」と確証を持った人であろう。その情報が何であるにせよ、間違いなく言えることは、為替の世界に「絶対」はないということだ。

投資は、賭けてはいけない。高レバレッジ取引とは、莫大な借金を背負うことと同じなのだから、そんな取引は絶対やってはいけないのだ。

信用取引のレバは最大三・三倍だが、甘くみると吹っ飛ぶ

ここまで、ＦＸの高レバレッジ取引について説明してきたが、本章のタイトルにある「先物取引」や株の「信用取引」も、基本的に同じだ。レバレッジをかける、わかりやすく言えば借金をして行なう取引なのだ。

次は、株の信用取引を説明しよう。信用取引とは、一定の保証金（委託保証金）を担保として証券会社に預けて、証券会社からお金を借りて株式を買ったり、株券を借りてそれを売ったりする取引のことだ。最大で預けた担保の評価額の約三・三倍まで株式の取引ができる。だから、手持ち資金が少なくても株を買うことができるし、「売り」からの取引もできるので下落局面で利益を得ることも可能となる。このように投資機会が増えるということが大きな特徴で、メリットだとされる。

しかし、先のＦＸの場合と同じく信用取引もレバレッジをかけた取引、借金

を背負っての取引だ。ＦＸのように二五倍なんてことはないが、三・三倍でもそのリスクを軽くみてはいけない。一二一ページのグラフは、この一五年間の米ドル／円と日経平均株価のチャートを重ねたものだ。米ドル／円と日経平均株価とは相関がある。円安になれば株価は上がる。円高になれば株価は下がる。そういう傾向があり、確かにチャートもそんな感じになっている。

しかし、これまたチャートははっきり示しているが、上げ下げのブレは米ドル／円より、日経平均の方が大きい。こういう上下のブレ、価格変動リスクを表す数字を統計用語で「標準偏差」と言うが、日経平均の標準偏差は米ドル／円のほぼ二倍だ。しかもほぼ二倍というのは日経平均株価の話で、個別株になると価格変動リスクは一気に跳ね上がる。一年後に一米ドル＝五〇円になることは九九・九％あり得ないが、現在一〇〇〇円のある個別株が一年後五〇〇〇円になってしまうことは大いにあり得る。

ある投資家が、三〇〇万円の元手を投じて信用取引最大の三・三倍のレバレッジをかけて株価一〇〇〇円の銘柄を一〇〇〇万円分（一〇〇〇〇株）買ったとする。

日経平均とドル/円の長期推移

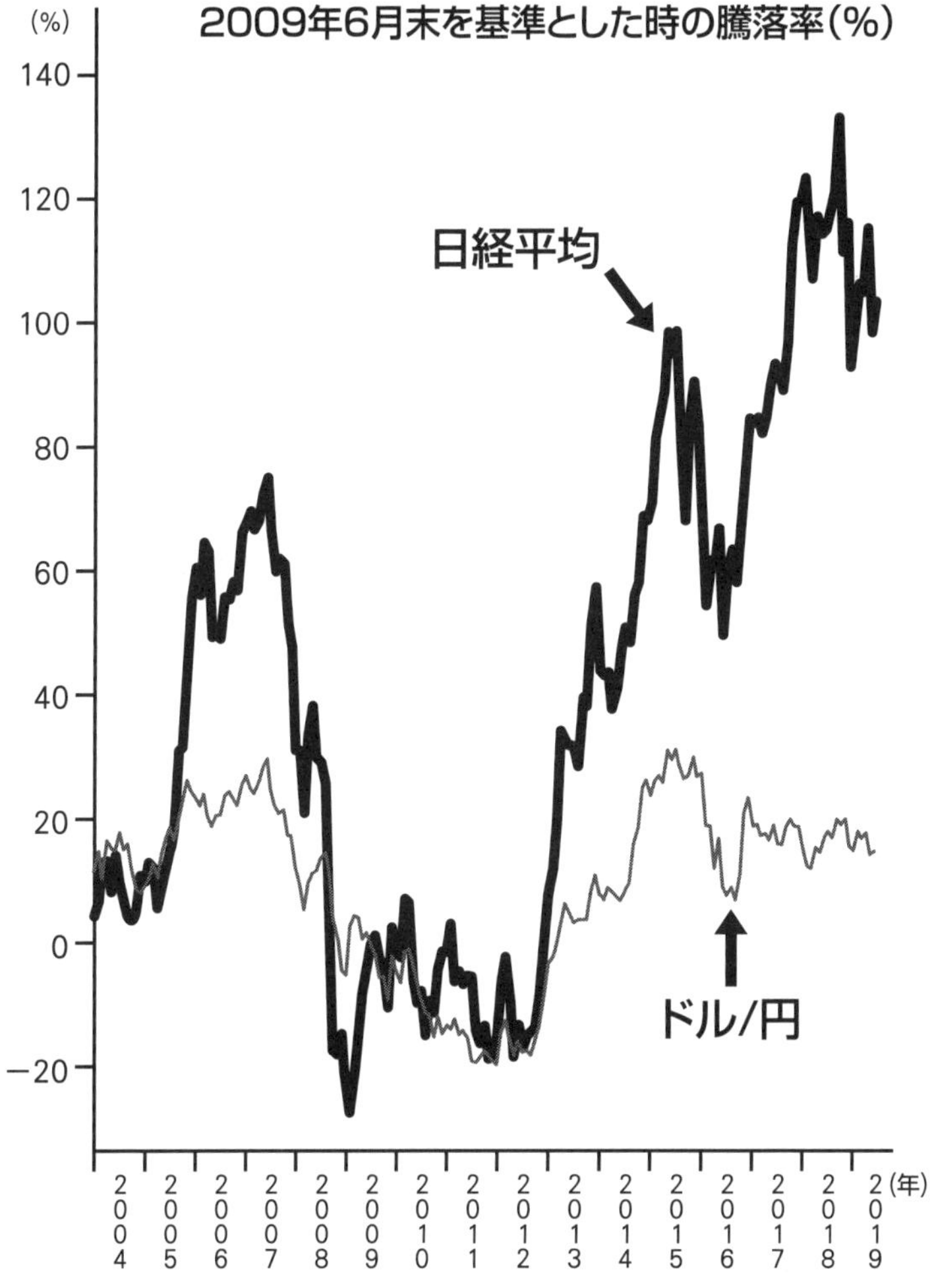

ところが一年後、「絶対上がる」と信じていた株価はあに図らんや、半値の五〇〇円にまで下がってしまった。この時の損失額は五〇〇円×一〇〇〇株の五〇万円となり、投資金額の三〇万円を上回る。損失率は一六七％になってしまう。

こういう時に発生してしまうのが「追い証《おしょう》」――追加保証金だ。このような株価の下落によって、建玉（未決済の取引ポジション）の計算上の損失（評価損）が発生した場合、追加の保証金を差し入れなくてはならない。これが追い証だ。つまり、信用取引の場合、最大損失は投じた額にとどまらないのだ。

わずか数日で数千万円が吹き飛んだ話

ここで、そのリスクの恐ろしさを実感していただくために、ある投資家の体験談をお伝えしておこう。再び『東洋経済オンライン』の記事からの紹介だ。日本株式専門投資家の堀哲也氏が二〇一七年三月七日付の同オンラインに寄稿している、「二八〇〇万を数日でゼロにしかけた株投資の罠」だ。

堀氏は、金融資産をリーマン・ショック後の六〇〇万円から二〇一〇年秋までに一〇〇〇万円にまで殖やした。さらに独自の予想を的中させ、アイフルなど二銘柄で短期間に九〇〇万円近い利益を上積みした。有頂天になっていた堀氏が次に目を付けたのは、「Ｊトラスト」という銘柄だ。

Ｊトラストは、二〇一〇年九月に会社更生法の適用を申請した消費者金融大手・武富士の買収最終候補に残り、もし決まればインパクトが大きいので株価が急騰すると堀氏は考えた。そして、信用取引の中でも禁じ手と言われるハイリスク取引に打って出る。その禁じ手とは「信用二階建て」。

先に説明したように、通常の信用取引の最大レバレッジは約三・三倍だ。三〇〇万円の元手なら一〇〇〇万円分の株を買うことができる。「信用二階建て」とは、現金ではなくある銘柄株を担保にして、同じ銘柄の株を信用取引でも買う投資手法だ。たとえば一〇〇〇万円分の現物株Ａを担保にした場合、現金の場合と違って担保価値は八掛けとなるが、それでも追加で約二六六六万円分Ａ株を信用で買い増すことができる。現物・信用、併せて三六六六万円分Ａ株を買うことができ、レバレッジは三・六倍に高まる。完全にA株で勝負というポジションの取り方だ。

堀氏は二〇一一年一月から二月にかけて、現物・信用併せてJトラストを五万八〇〇〇株まで買い増して行った。そして、「その時」を迎える。ここからは、堀氏の体験談からそのまま引用しよう。

しかし、武富士の件は延期となり、買い過ぎの信用分の株を抱えることになりました。ここで、本来は信用分だけでも売るべきだったのですが、決定の延期だけでしたので、「このまま持っていればいいや」と、一株も売りませんでした。（中略）

アイフルの利益が確定した時点で私の金融資産は二〇〇〇万円となっており、さらに震災前にJトラストは五八〇円程度まで値上がりしたことにより含み益が八〇〇万円になり、資産は二八〇〇万円程度になっていましたが、信用分も含めるとJトラストを三四〇〇万円分保有している状態でした。他にも優待株や低位不動産株などの現物株八〇〇万円分も持っていましたので、信用二階建てで実質四二〇〇万円以上の株を保有している状態でした。それも、含み益がかなり乗った状態で。

後で振り返ると三月一一日に東日本大震災が起こるワケですが、その直前に一時期Jトラストの株価は落ちてきていました。その時点で私は「単なる調整」とたかをくくっていました。

そして、東日本大震災が起こります。翌週の月曜日（三月一四日）から、リスクオフの流れになりほぼすべての株が全面安の展開になりました。（中略）

この時点では、Jトラスト自体の業績が悪くなったわけではないから二～三日で戻るとまだ楽観的に考えていました。しかし、震災直前の下げで二二〇〇万円まで落ちていた私の資産額は、たった一日で一三〇〇万円を切っていました。（中略）

結果論とはいえ、株価はいくらでもいいから最優先で売るという成り行きの売り注文を入れておけば、Ｊトラストを損切りすることができました。

翌三月一五日のＪトラスト株は、一度も寄る（売買が成立する）ことなくストップ安比例配分で三二五円まで下がりました。結果、私の資産は六〇〇万円まで減りました。そして、手元には現物分信用分合わせて五万八〇〇〇株ものＪトラスト株が残っていました。（中略）

そして、私はその翌日にも「追証」を入れなければならなくなることが確定しました。私がマイナス分を払えなくなると証券会社が立て替えなければならなくなる可能性があるので、もっとおカネを証券会社に入れろということです。私にはそんな財源などどこにもありませんでした。生活費から補填など妻が許すはずもありませんし、仮にできたとしても一日の値下がり分の対応すらできない状況でした。

ここにきて、流石に私も焦りました。翌日もストップ安になった場合、資産がさらに減り、一二〇万円くらいになる計算でした。少しでも下がれば追証が発生し、もし寄らなければさらに次の日には破産確定です。（東洋経済オンライン二〇一七年三月七日付）

この通り、信用取引では（特にこのケースの場合は禁じ手の「信用二階建て」ではあったが）、わずか数日で数千万円が吹き飛んでしまうことがあるのだ。

読者の皆さんの中には、「東日本大震災という特殊要因があったからではないか」と思われる方もいるかもしれない。確かにそういう面もある。しかし、武富士買収の決定延期という局面での「このまま持っていればいいや」という判断。震災前にもJトラストの株価は落ちてきていたにも関わらず、「単なる調整」とたかをくくっていた事実。堀氏はそれらを回顧して「自分本位な予想」であったと反省している。自分本位の予想――そう、先に見た行動経済学における「確証バイアス」そのものだ。

堀氏は相当な投資の手練れだ。様々な情報を分析し、予想を当てて大儲けしてきた。それでも（「それだからこそ」とも言えるが）、こんな致命的な判断の誤りを犯してしまうのだ。一般投資家は、絶対に信用買いなどに手を出してはいけない。

信用取引「買いは家まで、売りは命まで」

先に簡単に説明したように、信用取引は「売り」から入ることもできる。実際には株を持っていないのに、証券会社などから株を借りて売るから「空売り」という。そして、株価が下がったところで買い戻すことによって利益を得る。だから、下落局面で利益を得ることも可能となるというのがメリットとされる。

しかし、この信用取引の「売り」にはこんな相場格言がある――「買いは家まで、売りは命まで」。信用取引で株を買った場合は、最悪のケースでも家を売るくらいですむが、信用取引で株を売った場合、命まで失うかもしれないという意味だ。

具体的な数字で確認してみよう。現在一株一〇〇円で取引されているA社株。この株を信用取引で一〇万株（一〇〇〇万円相当）買った場合と売った場合を考えてみる。自己資金（保証金）は四〇〇万円としよう。

まず、信用買いをした時の最悪の場合をシミュレーションしてみよう。一〇〇円で一〇万株を信用で買ったA社株が倒産を発表。株価が大幅に下落し、上場廃止となった。株価は五円にまで下がってしまった。この場合の損失は、次の式で計算される。

（五円－一〇〇円）×一〇万株＝▲九五〇万円

自己資金は四〇〇万円なので、投資額以上の損失が出てしまう。投資した元手資金以上の損失が出てしまうのは、すでに見てきた通りだ。ただ、信用買いの場合のリスクは最悪でも価値がゼロになるだけなので、このケースだと一〇〇〇万円（最初投じた自己資金以上の損失は六〇〇万円）が最大だ。

では、信用売りの場合はどうなるか。こちらも最悪の場合をシミュレーションしてみよう。業績悪化は避けられないと見たA社株を一〇〇円で一〇万株分を空売りした。ところが、突如同社が持っていた技術が革命的新素材を開発したと発表され、A社株は急騰。あっという間に三倍の三〇〇〇円に跳ね上がった。この時点での損失は、次の式で計算される。

（一〇〇〇円－三〇〇〇円）×一〇万株＝▲二〇〇〇万円

さらに、株価が五倍の五〇〇〇円にまで上がったとしたら、損失額は次の通り。

（一〇〇〇円－五〇〇〇円）×一〇万株＝▲四〇〇〇万円

いずれの場合も自己資金は四〇〇〇万円だから、一六〇〇万円、三六〇〇万円もの超過損失が出ている計算となる。これでもまだ、最悪のケースではない。最悪にはまだまだ上がある。株価が上がれば上がるほど損失は膨らんで行くのだ。つまり、信用売りの場合、株価に天井はないため、損失の可能性は無限大なのだ。「買いは家まで、売りは命まで」——一般投資家の方は、そんな世界もあるのだと知っておいていただくだけでよい世界である。

なお、詳しくは第六章で述べるが、本書でお薦めする究極の投資兵器・オプションは、あくまで「買い」のみである。オプションの「売り」はこの信用の売りと同様、損失は青天井となる。だから、絶対にやってはいけない。

先物取引は、素人が足を踏み入れてはならないプロだけの世界

本章の最後に、「先物取引」について説明しよう。古くからの私の読者は、「先物」と聞けばすぐ、「ＭＦタイプのファンド」を思い出されることだろう。たとえば、二〇一三年五月に上梓した『国家破産を生き残るための12の黄金の秘策〈下〉』（第二海援隊刊）の中では、ＭＦタイプのファンドについて次のように述べている。

実は、現金や金《きん》よりも危機に強いものがある。それが〝ＭＦ〟である。ＭＦは「マネージド・フューチャーズ」の略称である。「マネージド」は「管理すること」を意味し、「フューチャーズ」はこの場合、「未来」ではなく「先物」を意味する。つまりＭＦとは、「先物を高度

な金融技術で管理しながら運用する方法」なのである。この運用手法だけが、二〇〇八年の誰もが予想だにしなかった巨大な金融パニックを生き残ることができた。しかも、ただ生き残っただけではない。驚くことにMFタイプのファンドの中には、二〇〇八年に三〇％増、五〇％増となったものもある。

（浅井隆著『国家破産を生き残るための12の黄金の秘策〈下〉』）

しかし、私は先物で運用するMFタイプのファンドはお薦めするが、個人投資家の方が自ら先物取引をすることは、まったくお薦めしない。なぜなら、MFタイプのファンドは最先端の「高度な金融技術」によってリスクをきちんと「管理」して運用しているから投資に値するのであって、個人投資家にはそんなことは到底不可能であるからである。

徹底したリスク管理のない先物投資は、ハイリスク以外の何物でもない。だから私は、前掲書の中でもはっきりこう述べている。

先物は儲かりそうだからといって素人が安易に手を出せば、あっという間に資産を失うことになるだろう。リスク管理をする上で、人間は基本的に相場に向かないのだ。（同前）

というわけで、先物取引はプロが運用する場としては適しているが、個人投資家が手を出す世界ではない。これが結論なのだが、それで終わってしまってはおもしろくないので、ここからちょっと先物取引のミニ知識をお伝えしよう。

先物は、現物取引のリスク回避策として生まれた

ＭＦタイプのファンドを運用するヘッジファンド業界の巨人に、「マン・グループ」という会社がある。現在、運用資金総額は一一二三億米ドル（約一二兆円）にものぼり、かつては英国を代表する株価指数であるＦＴＳＥ一〇〇銘柄（日本の日経平均、日経２２５に相当）に採用されていたこともある会社だ。

運用歴は二五年以上におよびヘッジファンドとしての歴史も古いが、マン・グループの公式ホームページでその歴史に関する記述を見てみると、不思議な表現に出くわす――「二三〇年以上にわたる取引の歴史、および二五年以上にわたる世界的な投資運用の経験を持つMan Group」。投資運用の歴史は二五年以上。しかし、取引の歴史は二三〇年以上だというのだ。

では、創業からの二〇〇年余りは何の取引をしていたのだろうか――〝現物〟である。先物ではなく、現物の商品を扱っていたのである。

一七八三年、ジェームズ・マンが会社を設立した時、まず商ったのは砂糖であった。その翌年には、英国海軍にラム酒を供給する独占契約を締結する。この砂糖やアルコールは、マン・グループが強みとする商品分野であった。それ以外にも糖蜜・ピーナッツ・胡椒・ココアなどで、世界トップのシェアを誇っていた。

しかし、これらの現物は豊作・不作によって価格の変動が激しい。商売は仕入値に利益を乗せて売るわけだが、仕入値がどうなるのかわからないのでは商売にならない。そこで生み出されて活用されたのが、〝先物取引〟なのである。

歴史的には、一五三一年当時地中海貿易の中継地となっていたベルギーのアントワープの商品取引所でその原型は始まった。当初の取引所のイメージは、豊洲市場の威勢のよいセリなどをイメージしていただければよいだろう。

まずは現物市場であった。しかし、当時は生産地から現物が届くまでには大変な時間がかかっていた。そこで商人たちの中で、こんな考え方が生まれてきた。まず売り手は、輸送中の未着の商品についても早く売却先を決めておきたい。買い手は、必要な商品を早めに確保しておきたい。こうして自然発生的に、まだ輸送中の商品であっても価格は先に決めてしまう未着物取引（先渡取引）が誕生した。商品とお金の交換はあとで、である。

しかし、このやり方にも難点があった。長い輸送中に価格が変動すると売り手・買い手のどちらかに損失が生じてしまう。そこで、未着物取引（先渡取引）を改善する形で生まれたのが「先物取引」なのだ。

先物取引も先に価格を決めてしまうのは同じだ。先物取引の定義は、「ある商品を、将来の決められた日（期日）に、取引の時点で決められた価格で売買することを約束する取引」となる。ここまでは未着物取引（先渡取引）と同じであるが、違いの一つは価格変動の問題にどう対処するかである。先物取引では、差金決済方式を取り入れた。最初の取引が成立した時の価格と期日での価格との差額を受け払いすることで、取引が終了できるようにしたのだ。

これで価格変動の問題は解決した。もう一つの改善点は（これが先物取引のリスクにつながって行くのだが）、証拠金制度を導入したことである。なぜ、証拠金制度が必要なのか？

たとえば、ある農産物の買い手のことを考えてみよう。買い手は半年後に収穫される一〇〇トンの農産物を一〇〇〇万円で買いたいと考えた。仕入れたあとの販売先である小売業者との契約を考えると、一〇〇〇万円で仕入れればまずまずの利益が確保できる。だが、仕入れ値が一一〇〇万円になると赤字になってしまう。九〇〇万円で買えればもちろん御の字だが、そこまで価格が下がる保証はない。損失リスクの方が怖い。そこで、半年後一〇〇トン分の農産物を一〇〇〇〇万円で買う先物取引契約をした。これで価格変動リスクは回避できた。

さて、ではこの先物取引契約に当たってお金はいくら必要だろうか？　一〇〇〇万円か？　いや、一〇〇〇万円というのは「期日にはこの価格で買うよ」という約束事であって、今必要な額ではない。先に述べたように、半年後にズレた金額を差金決済するのだから、ズレを担保できる金額があればよい。それが、「証拠金」なのだ。

では、どれくらいの証拠金が必要になるのか？　賢明な読者の皆さんはお気付きだと思うが、それは商品による。証拠金は価格のズレを担保するものなのだから、価格変動が少ない商品であればあまり多くの証拠金を積む必要はないし、価格変動が大きい商品であれば大きな金額が必要となる。

では、この先物取引における証拠金に対する取引金額、レバレッジは最大で何倍くらいになるのだろうか――実に約七〇倍である。金《きん》の先物取引のレバレッジは、約七〇倍だ。通常、最大レバレッジ（取引をするのに必要な証拠金の額）は、商品ごとに金融庁や日本商品清算機構、日本証券クリアリング機構で定められている（ただし、そこで決められているのはあくまでもレバレッジの上限であって、取り扱っている証券会社や商品先物取引会社によってはそれよりも低いレバレッジで取引を行なうことになる）。ちなみに、金《きん》と同じ貴金属の一つである白金の最大レバレッジは約三五倍だ。これは、先に述べたように価格変動の大きさの差による。金《きん》の方が白金よりも価格変動が小さいのだ。

読者の中には「金《きん》はメジャーだし、価格変動は小さいのなら、七〇倍のレバレッジで大儲けを狙ってみようかな」などと思われた方もいるかもしれない。しかし、一四〇～一四一ページのチャートをご覧いただきたい。この五年の金《きん》価格（円／g）の動きだ。価格変動が小さいといっても、こんなにも動いているのだ。二〇一八年八月以降に限ってみても、本書執筆時点（二〇一九年六月二五日）で一五％も上昇している。買いに賭けていれば大儲けだが、売りに賭けていたら破滅的損失だ。

さて今一度、先の農産物の買い手に話を戻そう。期日に価格が上がった場合と下がった場合とに分けて、先物買いによってどのようにリスクが回避できて安定するのか、確認してみよう。

まず、半年後に農産物価格が一一〇〇万円に値上がりしていた場合だ。この場合、現物を一一〇〇万円で仕入れなければならないが、先物価格は現物価格におおむね連動するので、価格一〇〇〇万円で買った先物を一一〇〇万円で転売することにより、一〇〇万円の利益を得ることができる。結果、トータルでは一〇〇〇万円で購入できたのと同じことになる。

逆に、半年後の農産物が下落して材料が九〇〇万円となった場合、現物は九〇〇万円で購入できるが、一〇〇〇万円で買った先物を九〇〇万円で転売しなければならないので、こちらでは一〇〇万円の損失が生じる。したがって、この場合もトータルでは一〇〇〇万円で購入したのと同じことになる。先物はこのような形で活用されて、現物を扱う商社の経営安定に寄与したのである。

今まで見てきたように、先物はプロが使うと大変有益なものだ。現物を扱うプロの商社、そしてコンピュータでリスク管理できるプロの運用者、彼らだけ

チャート

金価格

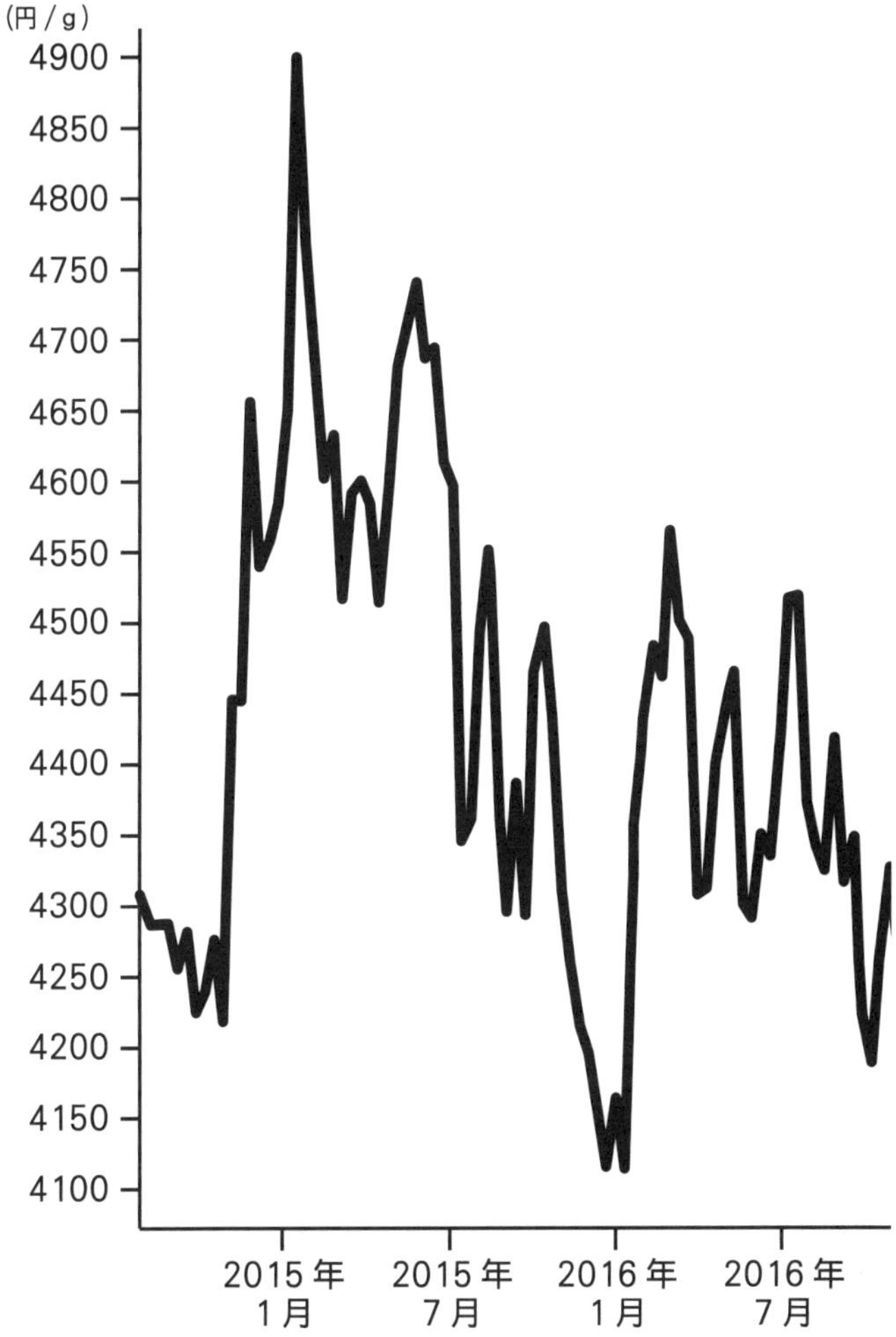
(円/g)
4900
4850
4800
4750
4700
4650
4600
4550
4500
4450
4400
4350
4300
4250
4200
4150
4100
2015年
1月
2015年
7月
2016年
1月
2016年
7月

が活かすことができる世界、彼らだけが生きることができる世界なのだ。一般投資家は、「先物という世界があって、そこでの最大レバレッジはなんと七〇倍なんだ」と知っておくだけでよい。決して、足を踏み入れてはならない。

それに対して、本書でお推めしているオプションはどうか。実はオプションは買いだけやっていればリスクは限定されるのだ。つまり日経平均が上がると思えばコールを買い、下がると思えばプットを買えばよいのだ。そしてもし、日経平均があなたの予測とは逆に行ってしまった場合はどうなるのか。

最悪、その投資した額がゼロになるだけで、追い証が出ることは一切ない。しかも、二、三年に一度三〇〇倍～一〇〇〇倍の倍率のチャンスが来るわけで、大変面白い投資手段ということができる。

というわけで、オプションを利用しない手はないのだ。あとはあなたがどうオプションを使いこなすかだ。うまく使いこなせれば、あなたには億万長者への道が開けるだろう。

第五章

もうすぐ大チャンス到来
——恐慌と国家破産という大変動こそ最大の収益機会

神の怒りが天罰として下されるのには長い時間がかかる
しかし、長い時間がかかればかかるほど、罪は苛酷なものになる
（ローマの歴史家ワレリウス・マクシムス）

一九八九年一二月一五日にプットオプション購入を推奨した男

「本誌のジョナサン・ラインによると、シカゴ・オプション取引所（ＣＢＯＥ）では、トレーダーの一部は精神的ショックから一時休養し、シカゴ・マーカンタイル取引所（ＣＭＥ）のＳ＆Ｐ部門は、人数が減り、生き残った者も少額の取引を生気なく行っていた。ブラックマンデーのショックで目まいがしていたトレーダーたちは、離職したり、戦いに疲れた兵士の虚ろな表情に変わっていたりした。複数の大手マーケットメーカーは、株価上昇継続を予想していたため、オプション料を目当てにプットオプションを売っていたことが仇となり、戦死した。部分的にはヘッジしていたが、全面的な相場崩壊などは見込んでいなかった」（米バロンズ誌一九八七年一〇月二六日号）――これは、一九八七年一〇月一九日のブラックマンデー（暗黒の月曜日）の直後に発行された米バロンズ誌（一九八七年一〇月二六日号）のコラムの一節だ。

ブラックマンデー当日、ダウ工業株三〇種平均（ニューヨークダウ）は五〇六ドル、率にして二二・六％という破壊的な下落を経験している。これは、大恐慌のきっかけとなった一九二九年のブラックサーズデー（暗黒の木曜日）の下落率一二・八％をはるかに凌ぐ。オプションのプットを売っていた投資家が絶望したことは、想像に難くない。前出のバロンズ誌は、悲劇の中でも明るい点があったとして次のように論じている――「証券会社のビルの窓は開かないように設計されていたため、昔のように株価暴落で身投げする人もいなかった」（同前）。

さて、このブラックマンデーを事前に予期した人物がいる。それは当時、米投資銀行ドレクセル・バーナム・ランバートの香港支社でＣＥＯ（最高経営責任者）を務めていた人物で、名前はマーク・ファーバー。ファーバー氏は、株価が暴落する直前に、「株式を手仕舞え」と顧客に通達していた。現在はタイに拠点を構えるファーバー氏はスイスのチューリッヒ生まれで、一九七八年から香港に移住し、一九九〇年二月までドレクセル・バーナム・ランバートで仕事をしている。

ブラックマンデーで脚光を浴びたファーバー氏は、一九八九年にも偉大な予言を残した。同年一二月一五日、「No Joy in the Land of the Rising Sun」（日出ずる国が危険）と題し、なんと日経平均のプットオプション（買い）を推奨(Sell Japanese stocks and buy long term puts on the Nikkei Index.) したのである。

とはいえ、当時の私がファーバー氏の助言を聞いたとしても、プットオプションを買っていたかどうかはわからない。当時の日本は完全に浮かれていたし、実際に日経平均株価もファーバー氏の助言から二週間後の大納会（一二月二九日）には過去最高値の三万八九五七円（ザラ場最高値）を付けている。もし、プットオプションを買っていれば、後悔の念を抱いたまま年越しを迎えていたに違いない。「皆は浮かれているのに、何で俺は下落の方向に賭けたのだ」と。

「ジェット機で言うと、一万メートルぐらいまで上がって巡航速度に入り、当分降りない。モスクワまで行くのかロンドンまで行くのかわからないが、雲も見えないし揺れもないし順調に行く」（毎日新聞ホームページ）——これは一九八九年一二月中旬に臨時増刊号として発売された『週刊エコノミスト』におけ

ダウ工業株30種平均

（売買高：1万）

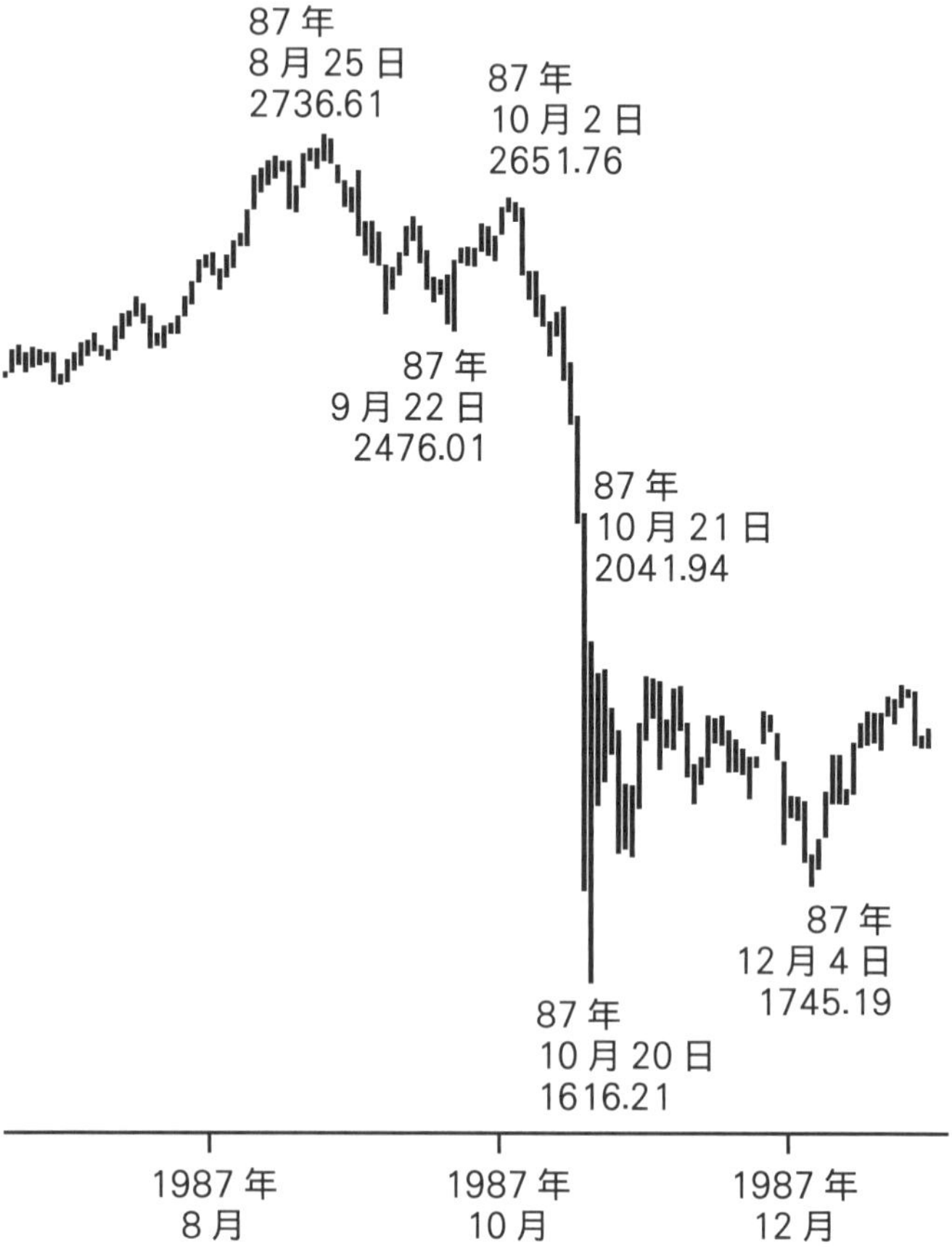

1987年ブラックマンデー時の

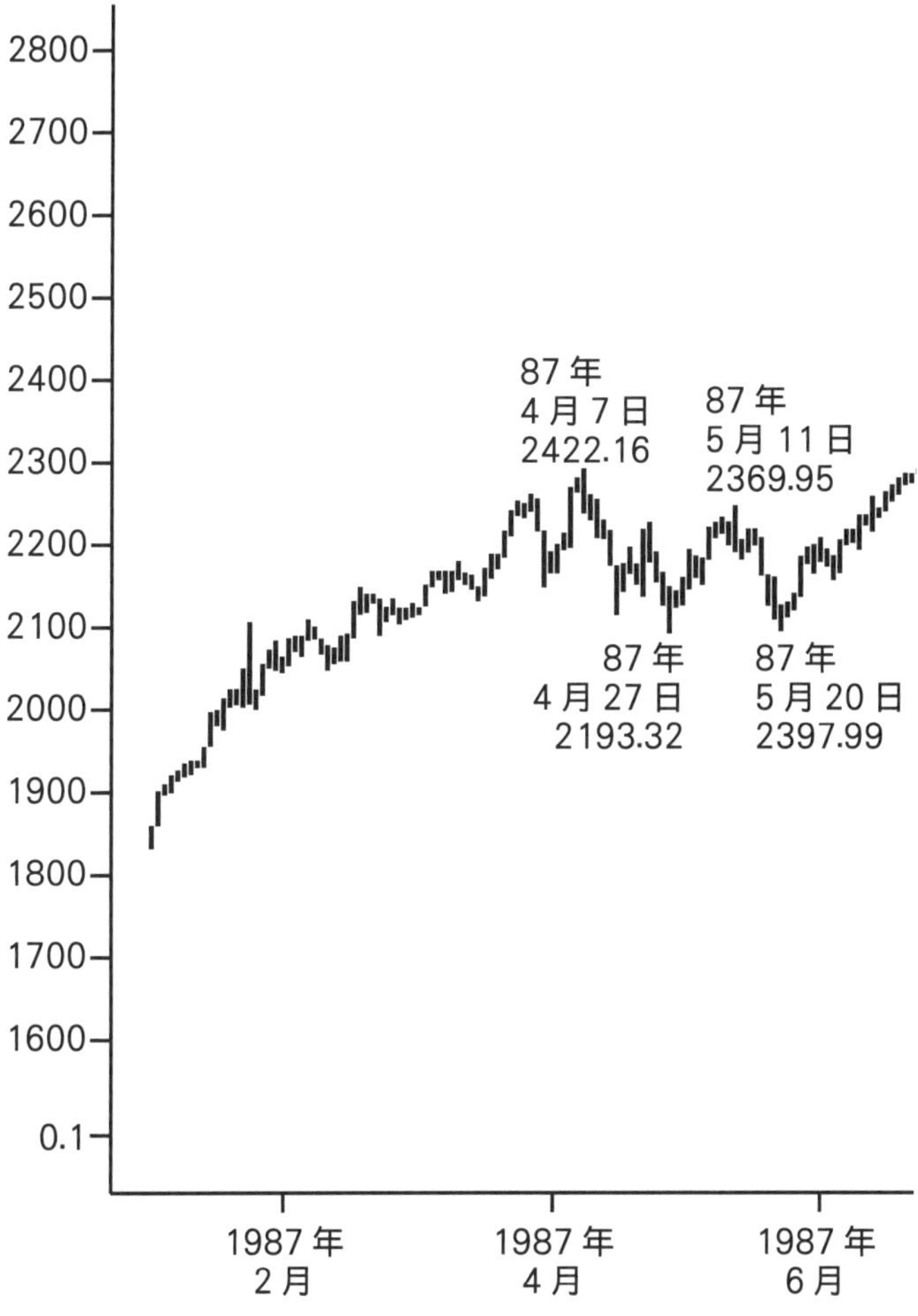

る識者座談会で、日本興業銀行の副頭取であった黒沢洋氏が日本経済の見通しを語ったものだ。

また、同じ席上でのちに日銀総裁となる福井俊彦氏（当時は日銀理事）も次のように見通しを語っている——「一言でいえば、景気は引き続き絶好調を維持している。しかも世界から要請されている内需主導型というパターンを崩さないで、いい状況を維持しているということだろう。いい状態を続けている根底にあるものは、日本の経済体質が非常に強くなったということだと思う」（同前）。

今から見ると二人の発言は笑い話に聞こえるが、あのトレンドの中にいた人々はほとんど全員がそう思っていたのだ。しかも、「日経平均は一〇万円に達する」といった言説まで飛び交っていた。

しかし、一九九〇年に入って私は後悔していただろう。「何でプットを買っておかなかったのだ」と。そう、最終的にファーバー氏の予想は的中した。

同氏の先見性は極めて高い。日本のバブルが崩壊した一九九〇年には、「日経平均株価が八〇〇〇円まで下がらないとバブル崩壊は終焉しない」と予告し、

1980年代の終わりには日経平均株価はバブル後最安値の5倍以上

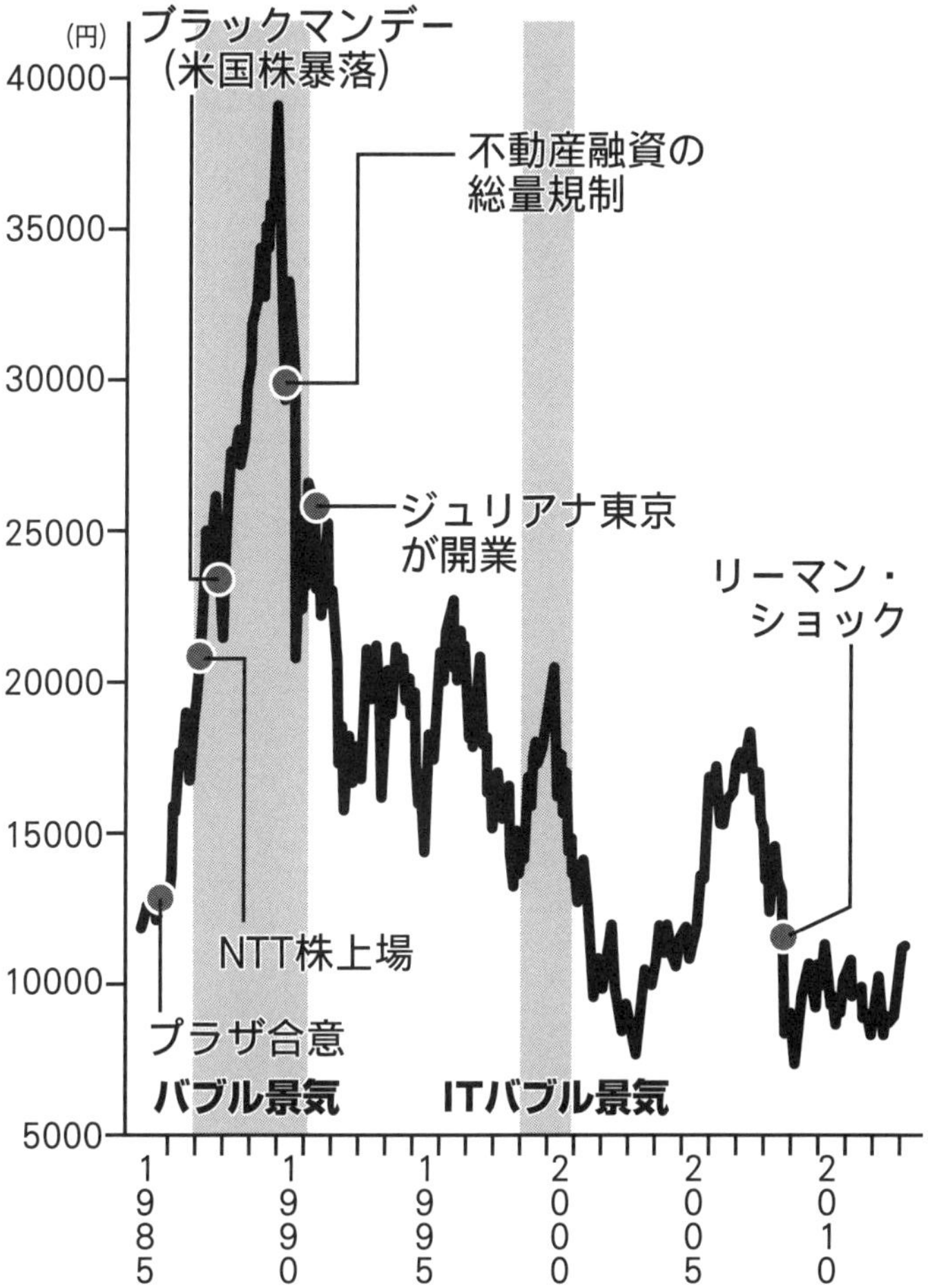

日本経済新聞のデータを基に作成

実際に日経平均株価は相当時間はかかったが、二〇〇三年四月に八〇〇〇円割れを記録している。すると一転して、「(日本の株式市場に) 世紀の買い場が到来した」と述べた。

一九九〇年六月に独立し、投資顧問会社マークファーバー・リミテッドを立ち上げたファーバー氏の予想は鋭さを増して行く。一九九六年一〇月二一日には、「香港の難問」と題し同エリアの不動産バブルの終焉を予言した。実際に香港の不動産価格は、一九九七年のアジア通貨危機をきっかけに六年におよぶ趨勢的な下落に直面し、価格は三分の一にまで下がっている。世の中を常に斜めから見ているファーバー氏に、メディアが付けた異名は「終末博士」(Dr.Doom)。

同氏は現在、年初の恒例となっているバロンズ誌のラウンド・テーブル(今年一年を著名人が占う円卓会議) のメンバーを務め、世界の投資家が関心を寄せ続けている。ちなみに、同氏の基本的な戦略は〝逆張り〟だ。

近年のファーバー氏の予想も興味深い。同氏はかねてから、リーマン・ショック後も世界全体で債務が増えていることに着目しており、現状の景気回

香港の代表的な住宅価格指数(CCLインデックス)

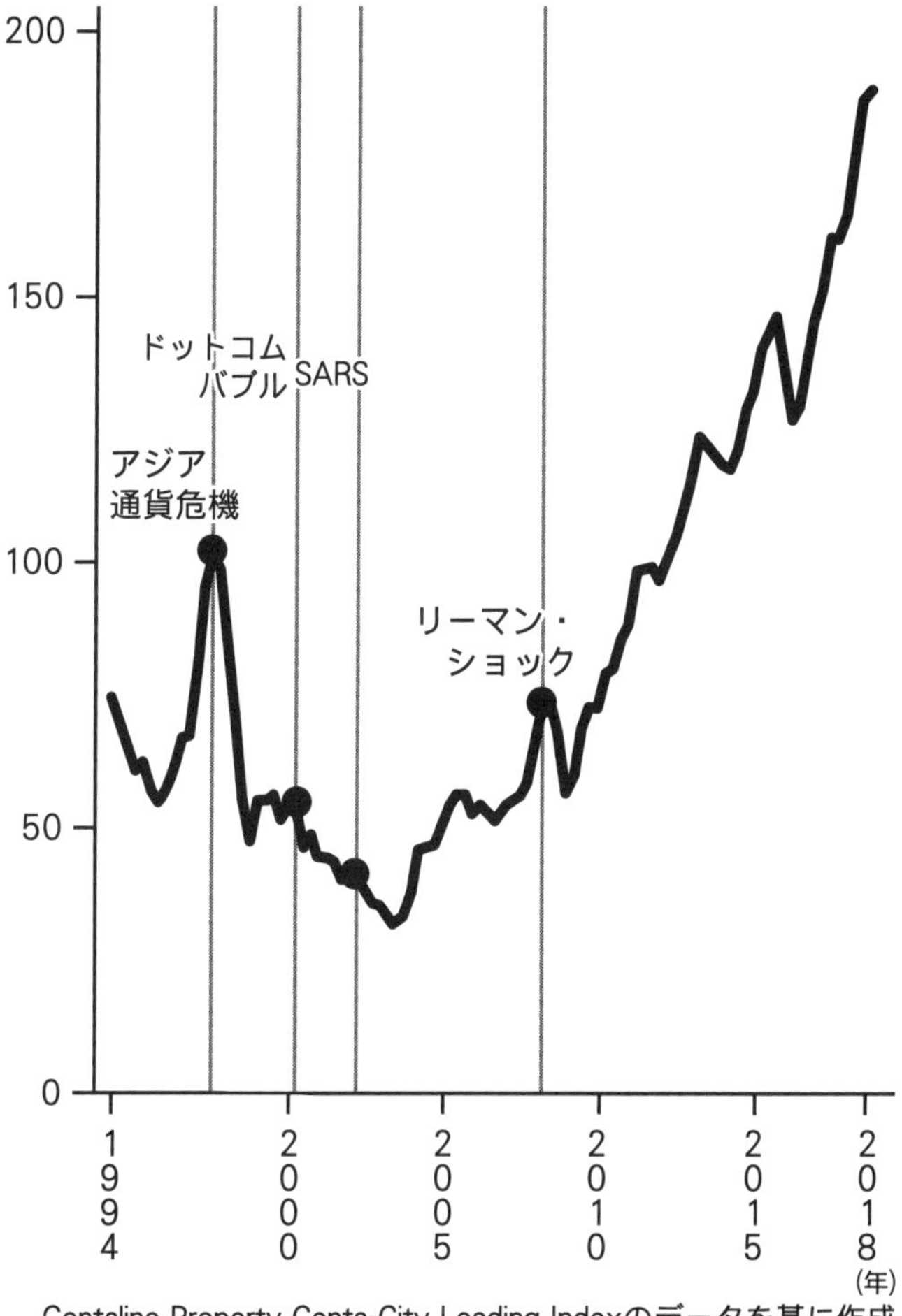

Centaline Property Centa-City Leading Indexのデータを基に作成

復は偽りであると喝破してきた。そして、リーマン・ショックは次なる危機の前段に過ぎなかった可能性があるとし、二〇〇八年よりも大きな危機が来ることが心配だと打ち明けている。一方、世界中の政府と中央銀行がなり振り構わぬ姿勢で金融市場を支えているため景気サイクルが長期化しているとも分析しており、破局の到来が予想よりも遅くなる可能性もかねてから指摘してきた。

二〇一八年一月に世界的な株安が起きた直後には、月次書簡（二〇一八年二月一日付）で、宴の終焉ではないと予想した上で、二〇〇〇年近く前に活躍したローマの歴史家ワレリウス・マクシムスの言葉を引用し、宴の終焉が遅れれば遅れるほど、かえって次に来る危機の規模が大きくなりかねないと述べている——「神の怒りが天罰として下されるのには長い時間がかかる。しかし、長い時間がかかればかかるほど、罰は過酷なものになる」。

また、現在が政治的にも金融環境的にも歴史的な不安定期にあるとし、過剰債務などの問題が暴力的な変化を生むと見通した。

ファーバー氏は米国の長期金利が下落に転じた一九八一年を起点として、二

ラッセル3000と10年国債満期金利長期チャート

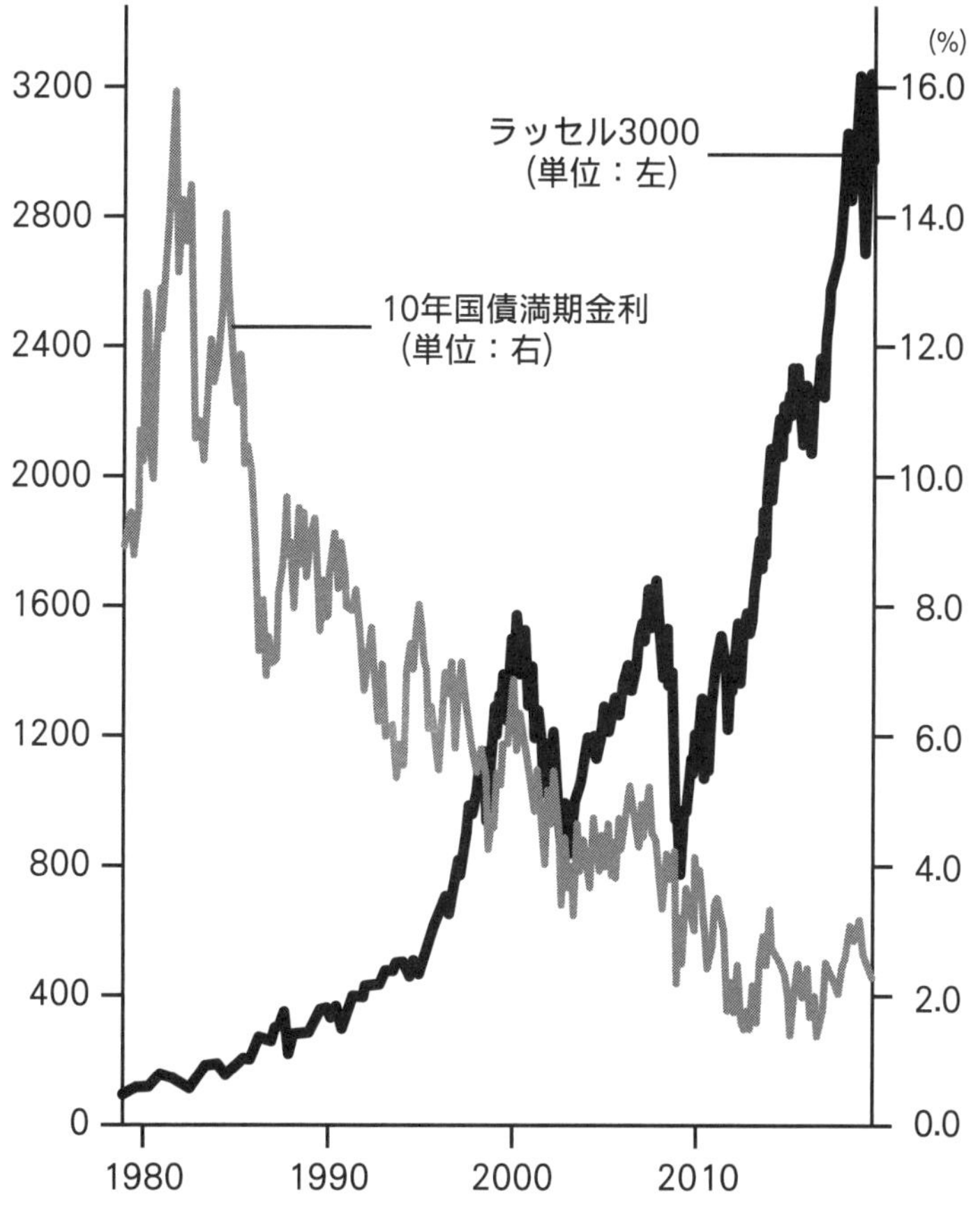

Board of Governors,FTSE Russellのデータを基に作成

〇一六～二〇一八年までを「大資産インフレの時代」だと位置づけており、現在はその最終局面にあると論じている。ただし、意外にも二〇一九年三月時点で米国株は向こう一二～一八ヵ月は暴騰も暴落もないレンジ相場に入ると予想した。これは、当局の金融市場へのなり振り構わぬ支援が景気サイクルを長期化させていることを考慮している。私も世界の株式市場の現状はほぼ間違いなく天井圏にあると考えており、資産バブルの崩壊は時間の問題だと見ている。

私の予想では、二〇二〇年～二〇二一年（早ければ二〇一九年後半の可能性もあるが）が危険だ。同期間内に米国を筆頭に世界の株式市場は、急激かつ趨勢的な下落局面に突入すると踏んでいる。裏を返せば、プットオプションの絶好の買い場だ。次章で詳しく述べるが、それがコールであろうがプットであろうが、オプションの買いではなかなか勝てない。平時であれば、株価が急落するのは年に二～三回程度だ。暴騰などもっと少ない。しかし、私たちの眼前には一〇年に一度とも言える危機が迫っている可能性がある。しかもそれは、先のリーマン・ショックを凌ぐ激変をもたらすかもしれない。その変動こそが、オプション取引に最大の収益機会を与えるのだ。

実際、リーマン・ショックの際はオプション市場でとんでもないことが起きている。二〇〇八年一〇月限のＳＱ値（清算価格）は、前日比一一六四・八九円安の七九九二・六〇円という壮絶なものだったのだが、するとプットオプションにおけるすべての権利行使価格がＩＴＭ（「イン・ザ・マネー」権利行使した場合、利益が出る状態）になるという異常事態が発生したのだ。

これにはわけがある。通常、オプションではＡＴＭ（「アット・ザ・マネー」原資産価格と権利行使価格が同じ状態）を中心として上下それぞれ最低一六種類の権利行使価格が存在するように権利行使価格の見直しが日々行なわれるが、規定により、ＳＱ週はこの見直しが行なわれない。そのため、一〇月限の権利行使価格は九〇〇〇円未満が存在しないこととなった（前週一〇月三日のＡＴＭ一万一〇〇〇円を中心に最低値は九〇〇〇円となった）。一方、日経平均はこの週も下落を続け、ＳＱ値が七九九二・六〇円となったため、すべての権利行使価格がＩＴＭとなったのである。

この時は相場が荒れに荒れており、一〇月限はSQ（清算）に近かったことも相まって、宝くじ的なオプション取引が次々に実現した。たとえば、一〇月六日に二円だった権利行使価格九〇〇〇円のプットが八日には一〇〇倍の二〇〇円に化けている。ちなみに、同期間に日経平均は一万四七三三円〜九二〇三円へ推移した。

そして結論からすると、リーマン・ショックに匹敵するような収益機会が眼前に迫ってきている可能性が高い。経験的に観測できる規則性のことを経済用語で〝アノマリー〟と言うのだが、一九八七年のブラックマンデーを起点にしても世界経済はおよそ八〜一三年の周期で大きな危機を経験してきた。

一九八七年のブラックマンデー、一九九〇年の日本のバブル崩壊、一九九七年のアジア通貨危機、二〇〇一年のドットコム・バブル崩壊、二〇〇八年のリーマン・ショック……。また、これらより規模は小さくなるが、オプション市場にそれなりの収益機会を提供してきた危機も散見される。たとえば、一九九四年のテキーラ・ショック（メキシコ・ペソ危機）、二〇一〇年の欧州債務危機、二〇一三年のバーナンキ・ショック（ＦＲＢのテーパリング観測）、二〇一五年のチャイナ・ショック（人民元の切り下げ）だ。

リーマン級の危機はそうそう起こらず一〇年に一度くらいのものだが、次の危機は下手をすると過去三〇年間でもっとも大きな収益機会を提供してくれる可能性がある。冗談抜きに、である。次項では、その理由について解説したい。

Debt《借金》　Debt《借金》　Debt《借金》　世界の債務レベルは狂気の沙汰

現在、世界の債務残高は歴史上かつてないほどの水準にまで積もっている。国際金融協会（ＩＩＦ）によると、二〇一八年時点の世界の債務残高は二四七兆ドル。世界全体のＧＤＰ比で約三・二倍。リーマン・ショックからの一〇年間で五〇％も増加した。

シカゴ・マーカンタイル・エクスチェンジ（ＣＭＥ）グループの著名エコノミスト、エリック・ノーランド氏は、二〇一六年に「債務まみれの国々：有事における脆さ」と題するレポート発表し、長期間にわたる研究の結果、「国が抱える借金の総額は、公的債務と民間債務の合計額によって示される。これがGDPの二五〇%に近づくと、金融危機のリスクが深く根を下ろすようになる」（CMEグループホームページ二〇一六年三月二八日付）と導き出した。

ノーランド氏は、一九八九年の日本、二〇〇七年の米国、二〇〇九年の欧州諸国で、総債務残高（対GDP比）が二五〇%を超えた直後に危機が起きたことを引き合いに、現在では中国と香港、オーストラリア、カナダ、シンガポールそして韓国を筆頭とした多くの国が危機的な状況に瀕していると警鐘を鳴らす。というよりグローバル化の進展によって一蓮托生の関係となった世界経済、ここではGDPで世界全体の八割を占めるG20を対象とするが、BIS（国際決済銀行）によるとG20の総債務残高（金融セクターを除く）は対GDP比で二三五・五%。もちろん国によって債務規模にバラつきはあるものの、世界経済は一蓮托生の関係であり、平均してノーランド氏の言う二五〇%に接近しているという点は見過ごせない。

世界の総債務残高の推移

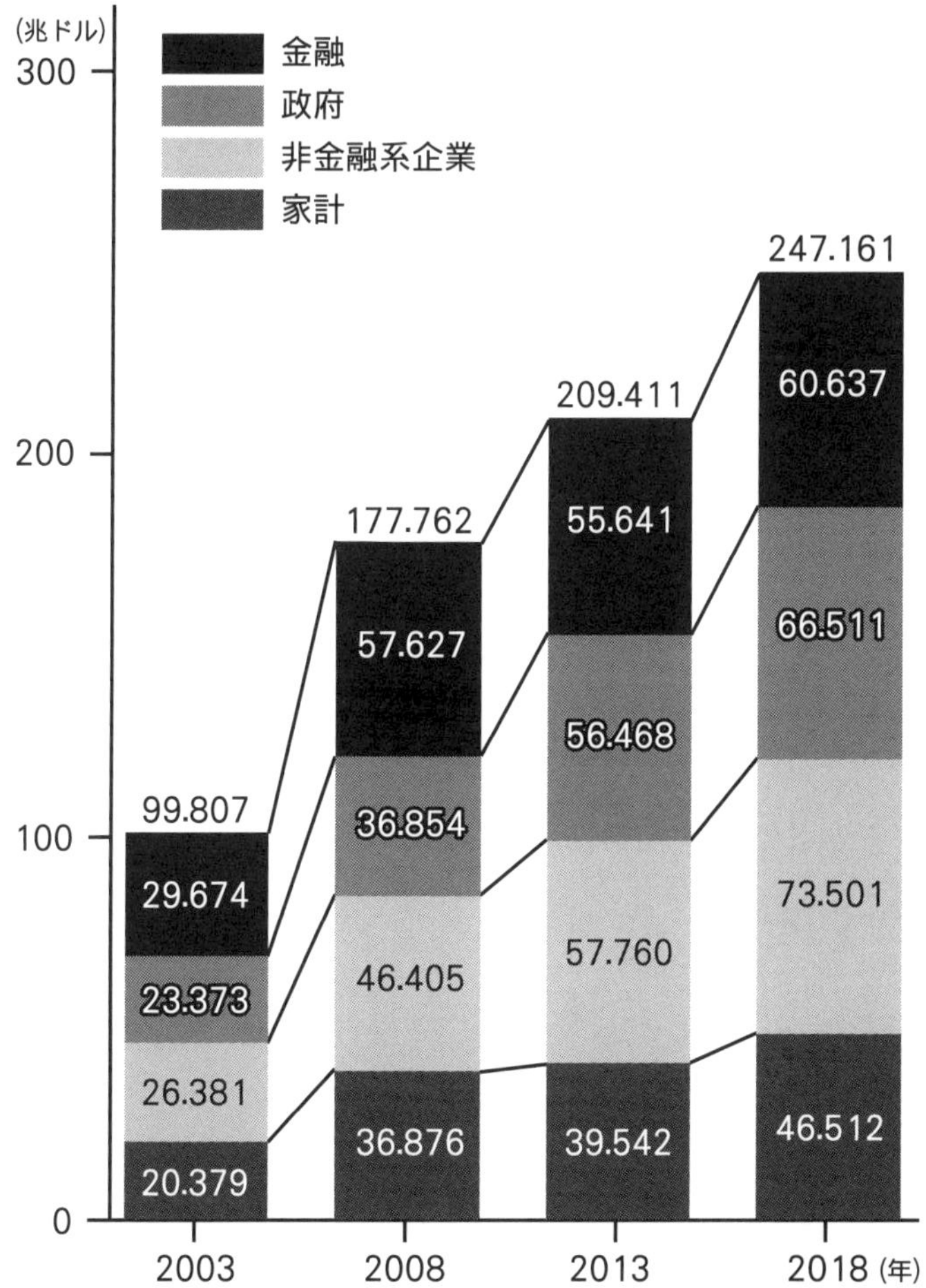

IIFのデータを基に作成

前項で列挙した、かつて世界が経験してきた大きな経済危機は、そのすべてが債務の増加に起因した〝信用バブルの崩壊〟によって引き起こされてきた。例外はない。ＦＲＢ（米連邦準備制度理事会）は経済規模の観点から多大な影響力を有するという意味で世界の中央銀行との異名を持つが、そのＦＲＢの政策金利は一九八〇年前半をピークに趨勢的に低下を続けてきた。それは、三〇年にもおよぶ。この間、結果的に世界中で債務残高が増え続けてきた。

著名投資家のジョージ・ソロスは二〇〇八年、当時の危機が「一九八〇年代以来の規制緩和や景気刺激策を背景に積み重なった信用バブルの大崩壊」（日本経済新聞電子版二〇一九年二月一日付）だと論じている。まさに、債務バブルの総決算というわけだ。しかし、ソロスでさえもその時点では予想だにしていなかったことだろう。その後も着実に世界の債務残高が増えるということを。

リーマン・ショックが起きた際、多くの識者は世界的に〝バランスシート不況〟が起こると予想した。このバランスシート不況とは、野村総研の著名エコノミストであるリチャード・クー氏が提唱したもので、日本の「失われた二〇年」を説明する際によく用いられる。クー氏は「借金でファイナンスされたバブルが全国的に発生し、崩壊した時にのみ発生する不況」を、〝バランスシート不況〟とした。より具体的には、家計や企業、そして金融セクターがバランスシートを健全化するために中長期的に借入を抑制し、それに合わせて景気が長期にわたって冷え込む反面、債務残高が減少する事態を指す。

ところが、米国の金融セクターや欧州の一部ではデレバレッジが進行したものの、その他の中国や北欧、オセアニア圏では危機の傷が早々に癒えたこともあって債務残高が増え続けてきた。また直近の三〜五年間は米国の企業セクターなどでも債務の著しい増加トレンドが見受けられる。結果的にＩＩＦの推計の通り、世界全体の債務残高はこの一〇年間で五〇％も増えた。ちなみに、この一〇年のすべての期間で債務の増加率がＧＤＰ成長率を上回っている。

過去三〇年間に起きた大きな経済危機は、そのほぼすべてが債務を発端としているというのに、世界はまたも債務の増加によって前回の危機を癒そうというのだ。正気の沙汰ではない。

前項で取り上げたマーク・ファーバー氏は、こうした現状を鑑みているからこそ、リーマン・ショックは次なる危機の前段に過ぎないと考えており、最終的に過剰債務が暴力的な変化を生むと見通している。

現状、世界中で債務の問題が燻っており、火種は枚挙に暇がない。次項からは私が意識している発火点を紹介して行く。

発火点その一：香港は史上最大の金融時限爆弾

過去一〇年間の債務増加トレンドに、もっとも貢献したのが中国だ。中国と香港ではこの一〇年で企業セクターの債務が爆発的な伸びを示しており、BISの推計では中国のそれは二〇一八年末時点で対GDP比一五一・六%、香港は驚異の二一九・四%となっている。また、中国と香港では家計セクターの債務も増えてきており、中国のそれは二〇一八年末時点で対GDP比五二・六%、香港は七二・二%だ。とりわけ香港の民間債務（企業と家計）は、同時点で二

香港の民間債務の対GDP比

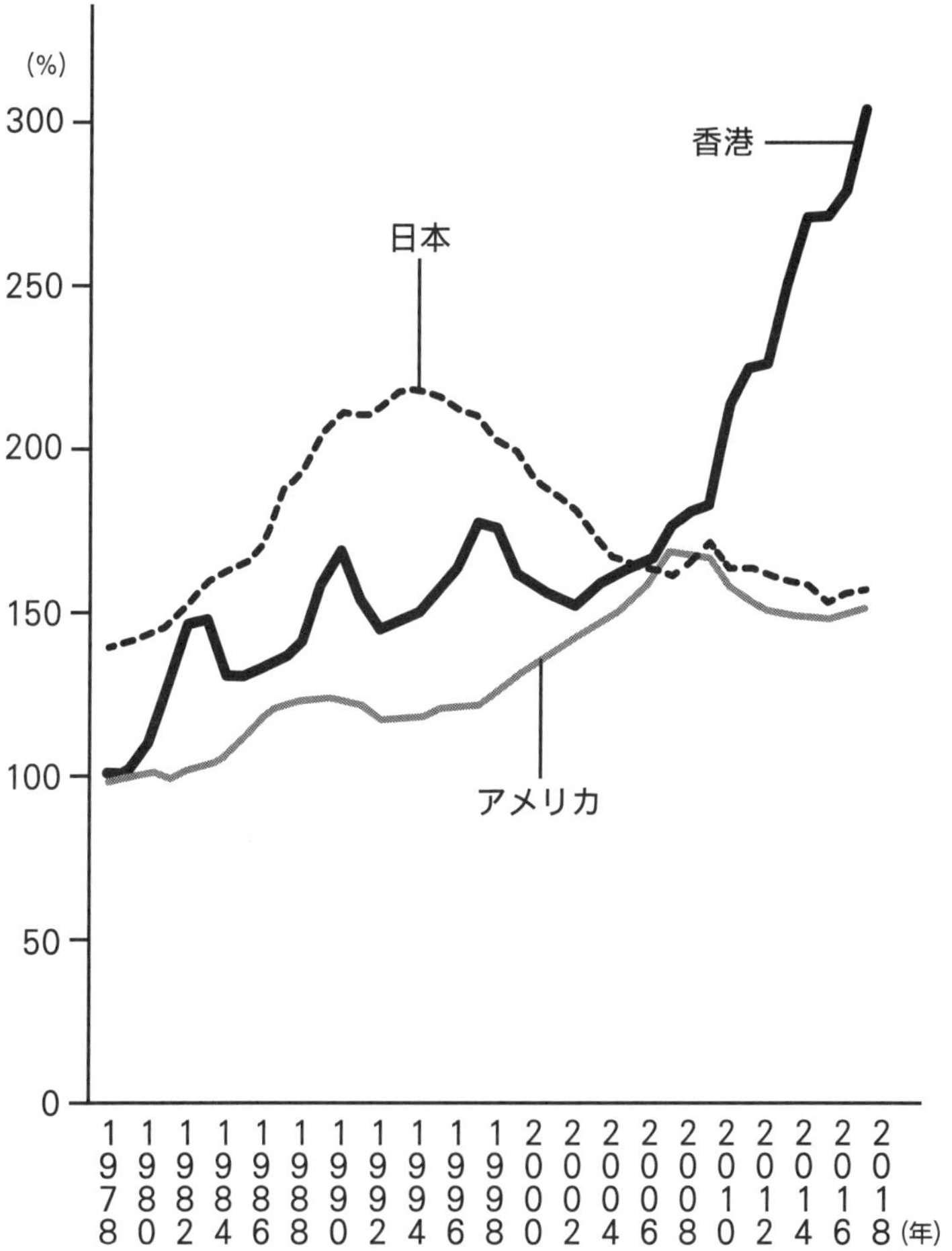

BISのデータを基に作成

九一・六％とまさに危機的な水準に位置している。

米テキサス州ダラスに本拠を置くヘッジファンド、ヘイマン・キャピタル・マネジメントのカイル・バスは近年、香港発の金融危機に警鐘を鳴らしている。同氏によると、香港の銀行システムのレバレッジ率は、ＧＲＰ（域内総生産）のほぼ九〇〇％と「世界で最も高い」（二〇一九年六月一三日付ヤフー・ファイナンス）。同氏はまた、米ウォールストリート・ジャーナル（二〇一九年四月二五日付）で香港ドルの米ドル・ペッグ崩壊に賭けていると明かしている。ちなみに、このバス氏はかつて米サブプライム・バブルを予期して、莫大な収益を上げた人物として有名だ。

余談だが、米ブルームバーグ（二〇一九年三月一二日付）によると、このほど通貨オプション市場において一米ドル＝八香港ドルで売買するオプション契約が成立した。香港ドルのペッグ制が崩壊するという「ブラックスワン事象」（事前にほとんど予想できず、起きた時の衝撃が大きい事象）に備えた契約を結ぶ市場関係者が出てきていると報じている。これは、香港ドルは世界最長の通

香港ドル/米ドルチャート

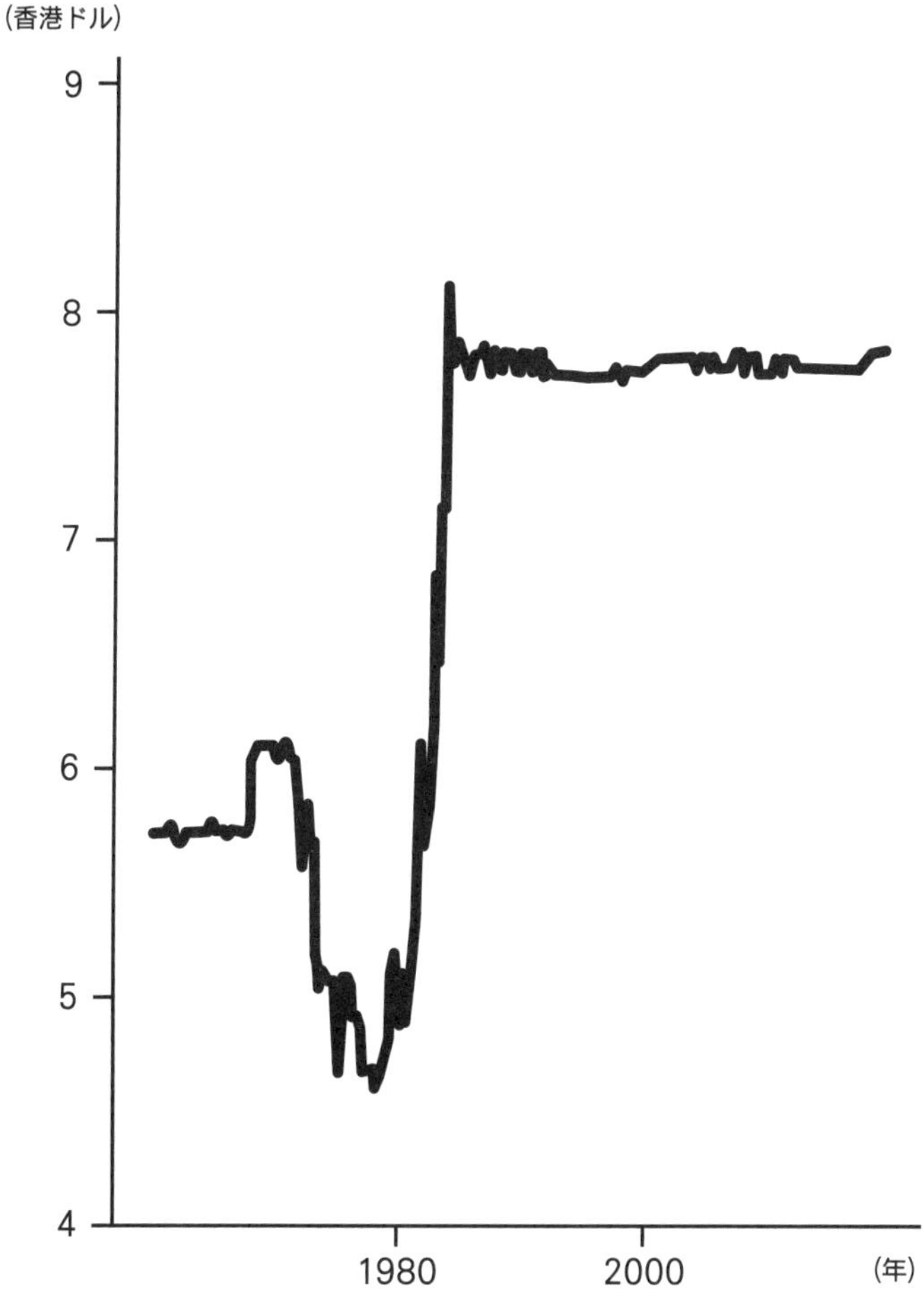

Fact Setのデータを基に作成

貨ペッグを採用しており、今までの三五年間一米ドル＝七・七～七・九香港ドルという極めて狭い範囲で取引されているが、一部の投資家が香港ドルのファー・プット（権利行使価格が遠いプット。オプションのプレミアムが安い）を購入したということだ。

仮にこうしたシナリオが実現すれば、二〇一五年のチャイナ・ショック（人民元ショック）をはるかに凌ぐ衝撃が世界にもたらされるであろう。香港ドルの下落はすぐさま人民元にも波及し、中国政府は厳格な資本規制の導入を迫られるかもしれない。カイル・バスは、前出のウォールストリート・ジャーナルでこう断じている――「香港は現在、史上最大の時限爆弾の一つとなっている」。

発火点その二：豪州債務危機

「同国（編集部注：オーストラリア）の住宅ブーム（バブル）は、音を立てて崩れる可能性がある」（二〇一九年四月一一日付米フォーブス誌）――これは米モールディン・エコノミクスのジョン・モールディン氏がフォーブスのコラムに記した一節だ。ここ数年、オセアニア圏（オーストラリアとニュージーランド）の不動産バブルにも注目が集まっている。なぜなら、オセアニア圏はリーマン・ショックで大きな打撃を被らなかった稀有な地域であり、不動産価格はこの一〇年間で顕著な上昇を演じてきた。ただし、その反動として同エリアでは家計セクターの債務がパンパンに膨れ上がっている。

ここでは特に、オーストラリア経済を取り上げたい。日本は過去三〇年の間に六度ものリセッション（景気後退）を経験してきたが、オーストラリアがリセッションを経験したのは一九九一年だ。それ以来、一度もリセッションに陥っていない同国に付いた異名は、「景気の無敵艦隊」。もちろん、他にそんな先進国はなく、史上最長の経済成長を現在でも更新し続けている。

一七一ページの図をご覧いただきたい。オーストラリアの平均的な住宅価格は、一九八七年を起点として二〇一七年までに七倍以上に上昇している。不動産ブームの直接的なきっかけは、一九九九年にキャピタルゲイン課税が半分に引き下げられたことだ。この優遇策をきっかけとして、同国の不動産価格はほぼ一直線の上昇を演じることになる。その結果、二〇一七年にシドニーの住宅価格はロンドンとニューヨークを抜いて世界二位に上り詰めた（一位＝香港、三位＝バンクーバー、四位＝オークランド、五位＝サンノゼ、六位＝メルボルン）。しかし、そこ（二〇一七年）でピークを打った可能性が大である。

不動産会社コアロジックによると、シドニーの不動産価格は二〇一七年七月をピークに現時点（二〇一九年六月）までにおよそ一五％下落している。ただし、直近では弱いながら回復の兆しも見られ、二〇一九年六月一七日付の英ロイターはオークション需要が上向きはじめたとして底打ちへの期待が高まっていると報じた。

それでも懸念は尽きない。そもそもオーストラリアでは家計債務の対ＧＤＰ比（二〇一八年末時点。ＢＩＳ推計）が一二〇・三％と極めて高い。デレバレッジ（負債圧縮）もほとんど進んでおらず、二〇一七年末のそれは一二二・〇％であった。これはスイス（同一二八・七％）に次ぐ世界第二位の水準で、

オーストラリアの住宅価格、賃貸料、消費者物価指数の推移

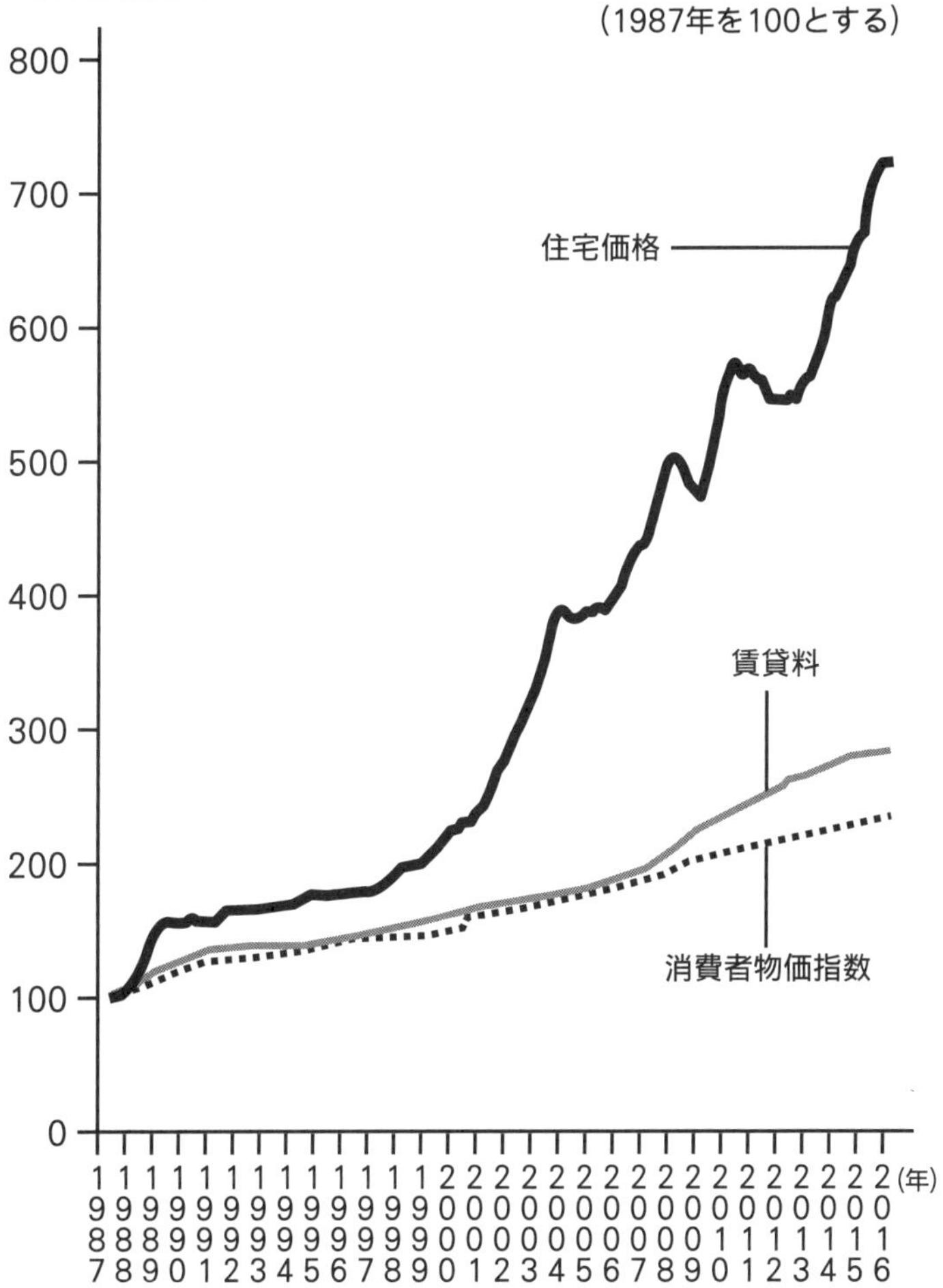

ABSのデータを基に作成

ちなみにオーストラリアの次点に位置するデンマーク（同一一五・四％）、以下順にオランダ（同一〇二・〇％）、カナダ（同一〇〇・七％）、ノルウェー（同九九・九％）、韓国（同九七・七％）、ニュージーランド（同九四・〇％）などの国々では例外なく不動産ブームが起きている。

国際通貨基金（ＩＭＦ）が「危機の兆候」だとする家計債務の水準は対ＧＤＰ比六五％以上で、前述した国々はこの警戒ラインを軽く突破しているばかりか、スイス、オーストラリア、デンマーク、オランダ、ノルウェー、カナダはサブプライム・バブル時の米国の水準よりも高い。

中でもオーストラリア経済は曲がり角を迎えている。二〇一七年から他の地域に率先して不動産価格が下落し始めた。前出ロイターが底打ちの兆しを報じているが、まさに正念場を迎えていると言ってよい。ＲＢＡ（オーストラリア中央銀行）も事態を重く見ており、二〇一九年七月二日に政策金利を引き下げ、同国では史上最低となる一・〇〇％とした。市場では今後、さらに利下げが進むと見られている。

デンマークの大手投資銀行サクソバンクは二〇一八年末、翌年（二〇一九年）の大胆予測の一つとして、「オーストラリアの住宅バブルが崩壊して、オーストラリア準備銀行（ＲＢＡ）が量的緩和を実施」を挙げた。サクソバンクはあくまでも大胆な予測と銘打っているが、時期はともかくとしてこのシナリオの実現性はかなり高いと私は見ている。

オーストラリアの住宅バブルがとりわけ厄介だと考えられる最大の理由は、あの悪名高い「ＩＯローン」（インタレスト・オンリー）での借り手が多いためだ。ＩＯローンは最初の数年間は利息だけを返済し、あらかじめ決まっていた段階になるとＰ＆Ｉ方式（元本と利息）の返済に切り替わる住宅ローンであり、米サブプライム・バブル時にも猛威を振るったことで知られる。

ところで、なぜＩＯローンのような特殊なローンが登場するのであろうか。実は、ＩＯローンのニーズは短期転売を狙う人にある。元々ローンの完済は念頭になく、できるだけ安くローンを借り、その資金で不動産価格の上昇による短期転売をもくろむわけだ。一見すると合理的なようであるが、ここに大きな落とし穴がある。それは、この理屈が不動産価格の上昇局面でしか成り立たないということだ。不動産価格が下がると、短期転売をすれば損が出るわけで、売るに売れない。そうこうしているうちに数年経つと、今まで少なかったＩＯローンの返済額が大きく増え、ローンの借り主を圧迫してしまうのである。

だから、短期転売狙いでＩＯローンを組んだ場合、不動産価格が下がると目も当てられない悲惨な状況になる。このようなＩＯローンが近年オーストラリアでは人気を博し、ピークの二〇一五年春には、新規住宅ローンの実に四五％もがＩＯローンを組んだという。ちょうどその頃オーストラリアの不動産は上昇の一途で、「不動産は上がるもの」という、まるで一九八〇年代の日本のような不動産神話が台頭した。不動産が上がるから買い、買ったらまた上がるという構造で、オーストラリアでは家計債務を積み上げて行ったのである。

オーストラリアでは二〇一八〜二〇二一年の間、ＩＯローンのうち毎年およそ一二〇〇億豪ドル分が利息だけ払えばよいという期間を終えるため、住宅バブルは本格的な曲がり角に差しかかる可能性が高い。ソフトランディングですめば万々歳だが、オーストラリアン・ファイナンシャル・レビューによると、人によっては返済の負担が最大で四〇％増となる。オーストラリアの経済規模は、世界で一四位（二〇一八年時点）で韓国よりも小さく、仮にオーストラリア経済が破綻しても米国のサブプライム・バブルのように世界へ波及するとは限らない。

しかし重要な点は、オーストラリアと似たような状況にある国が少なくないということだ。前出モールディン氏は、フォーブス誌のコラムをこう締めくくっている――「これはオーストラリアだけの問題ではない。（編集部注：住宅価格の）鈍化は同様に、ニュージーランドやカナダ、欧州、中国でも起こり始めている」（同前）。

発火点その三：米レバレッジド・ローンに大虐殺の兆し

「多くの人は米中貿易戦争ばかり指摘するが、内なる危機にまだ気付いていない。もしインフレ率が上昇し、金利も上がったら、事業環境は厳しくなる。負債を多く抱えた企業は苦しくなり、債務不履行も増える。（信用力の低い企業に融資する）『レバレッジド・ローン』ファンドは損失を出すだろう。信用の危機が起きる」（日本経済新聞電子版二〇一九年六月二一日付）。――ディストレスト戦略（イベントドリブン戦略の一種。米国破産法一一条の適用された企業や、財務内容が悪化した企業の発行する債権を割安な価格で購入し、その企業の信用力が回復する過程で、値上がりした債権を売り抜く戦略）で世界最大規模の運用会社である米オークツリー・キャピタル・マネジメントのハワード・マークス共同会長は、日本経済新聞社のインタビューでこう答えた。〝次なる危機の芽〟を聞かれてのことである。

ちなみにマークス氏が不定期に発行する、市場の見通しや投資哲学を扱う〝メモ〟は、著名投資家ウォーレン・バフェットの必読書の一つだ。

マークス氏が指摘したように、ここ数年で急速に成長した米国のレバレッジド・ローン市場への注目が集まっている。このレバレッジド・ローンとは、信用力の低い企業向け融資のことで、ローン残高は二〇〇八年の六〇〇〇億ドルから二〇一八年末には一兆二〇〇〇億ドルと二倍に膨らんだ。特に、ここ数年で急成長している。

レバレッジド・ローンの特徴は、格付けが低くすでに多額の債務を抱える企業でも借り入れできるという点にある。ハイイールド債（ジャンク債）は起債できない低格付けの企業でも借入先が見つけられるがゆえに、市場が急拡大した。先のサブプライム・バブルの際は、住宅ローンが主因とされる家計債務が問題となったが、近年の米国では企業セクターの債務に焦点が当てられている。

世界を見渡した時、前述したように中国や香港の企業債務が金融危機を誘発する可能性こそが本命だと言えるが、欧米の企業債務にも注視が必要だ。欧米では企業債務の質が先の金融危機以前と比べても大幅に劣化しており、リセッション時に社債が暴落する可能性が指摘されている。

ＢＩＳ（国際決済銀行）によると、米国の企業債務の対ＧＤＰ（国内総生産）比は二〇〇八年末に七二・五％でピークを打ち、その後はデレバレッジ（債務圧縮）に向かった。しかし二〇一一年から再び増加に転じ、二〇一八年六月末に七四・九％と再び過去最高を記録している。ＦＲＢの推計によると、債務の絶対額は一五兆ドル。対ＧＤＰ比の債務残高は一〇年前とあまり変わらないため、大して問題があるように見えないかもしれない。しかし債務の〝質〟を精査すると、重大な変化が生じていることがわかる。

その変化とは、社債発行残高に占めるトリプルＢの割合が劇的に増えたことだ。トリプルＢはあと一つ格下げされればジャンク（投資不適格）扱いとなる。二〇〇七年時点で米社債に占めるトリプルＢの割合（金額ベース）は二六％だったが、二〇一八年には四〇％を超えた。質の悪い企業がこの一〇年の債務増加を牽引してきたことがうかがえる。とりわけレバレッジド・ローン市場を通じた融資は質が悪い。投資適格級（トリプルＢ以上の格付け）の企業がほぼないばかりか、「Ｓ＆Ｐグローバルによると、融資先の自己資本比率も低下し、債務不履行寸前の『トリプルＣ』格への融資もレバローン全体の六％に上っている」（日経ヴェリタス二〇一九年六月二三日号）。

こうした企業が、次にリセッション（景気後退）が到来した際に債務を返済し続けられるか、はなはだ疑問だ。「レバローンは変動金利のため、金利急上昇と資金繰り不安の悪循環が急速に広がる恐れがある。レバローンの融資先は業種・規模が幅広く、米経済の隅々に『危機の種』が埋まっている」（同前）。

米バンク・オブ・アメリカのブライアン・モイニハンCEO（最高経営責任者）は、現状は米経済の足元はしっかりしているものの、レバレッジド・ローンがトラブル・スポットになりかねないとブルームバーグ（二〇一九年六月五日）で警告、次のように断じている——「景気が減速し、企業が債務の重さに耐えられず、債務再編に動くことになれば、それらの企業にとって悲惨な結果になるだろう。そして、お決まりの大虐殺が起きる」。

債務バブル崩壊で、株価は三〇—五〇%下落か

「世界の金融システムはリスクが最も高い状態にかなり近づいている。世界の

債務もデリバティブも過去最高の水準にある」（ブルームバーグ二〇一九年六月二八日付）――米ヘッジファンド、エリオット・マネジメントのポール・シンガーＣＥＯ（最高経営責任者）はこう指摘し、時期は明言しなかったものの景気後退時には世界の相場が三〇～四〇％調整するとの見通しを示した。この本が出る頃には、米国の景気回復局面は同国史上で最長を更新している可能性が極めて高い。正確を期すと、二〇一九年七月で過去最長となる。

これは裏を返せば、リセッションが迫っているということだ。各国の当局によるなり振り構わぬ景気刺激策により、景気サイクルが長期化しているという指摘はある。私もそう思っているが、それでも好景気が永遠に続くわけがない。

リセッションに突入すれば、株式に代表されるリスク資産の下落は避けられない。前出のシンガー氏が予想するように、三〇～四〇％の調整も大いにあり得る。すなわち、プットオプションの絶好の買い場が到来するというわけだ。

そこで、過去の弱気相場における日米の株価推移について簡単におさらいしておこう。直近二回、すなわち二〇〇〇年からの弱気相場（ＩＴバブル崩壊）

と二〇〇七年からの弱気相場（リーマン・ショック）における米国株の調整幅は、どちらの場合もおよそ五〇％。日経平均のそれはＩＴバブル崩壊時で約四〇％、リーマンは五〇％で、日本が震源地となった九〇年のバブル崩壊では四五％となっている。

ちなみに、米株式調査大手ＣＦＲＡによると、一九四六年以降で一二回あった米国株の弱気相場における平均の下落率は三二・七％。すなわち、次の下落相場はどんなに低く見積もっても三割程度の調整は避けられなさそうだ。中には、次の弱気相場はかつての大恐慌（一九二九〜一九三二年）に匹敵すると見る向きもある。大恐慌の時のそれは、驚異の八〇％であった。

現在の株価に当てはめてみよう。まずは右記のＣＦＲＡによる過去の米国株の弱気相場における平均の下落率三二・七％だが、Ｓ＆Ｐ５００の直近の高値である二九五四ポイントを基準にすると、一九八八ポイントまで下落。次にドットコム・バブル崩壊時のマイナス四九％を当てはめると、一五〇七ポイントまで下落。続いてリーマン・ショック時のマイナス五七％だが、一二七〇ポイントまでの下落となる。

では、最後に大恐慌時のマイナス八〇%を当てはめてみたい。試算するだけでも恐ろしいが、計算すると驚異の五九一ポイントまでの下落となった。五九一ポイントである。目が点になった人も少なくないだろう。これは、さすがに大袈裟だと感じた。しかし、実際過去に起きているため、実現する可能性は決してゼロではない。

株価が趨勢的な下落トレンドに突入したとしても、真っ逆さまに株価が落ちることはない。急落と反発、そしてまた急落といった具合にジグザクのチャートを描きながら底値に着地して行く。すなわち、オプションにとっては極めて魅力的な収益機会となる。

世界全体の債務規模を勘案すると、次の危機は一〇年に一度、いや下手をすると大恐慌以来のとんでもない衝撃をもたらすはずだ。もちろん、世の中に絶対はなく、私の予想が当たるという保証はない。しかし、私はここまで述べてきた理由から、オプション取引の絶好の機会が近づいてきていることを確信している。

第六章

オプションの正しいやり方

——基本をわかりやすく解説

リーマン・ショックは次なる危機の前段に過ぎない
最終的に過剰債務が暴力的な変化を生む

（一九八七年のニューヨークブラックマンデー、一九九〇年の日本のバブル
崩壊の両方を事前に予測し当てたマーク・ファーバー）

オプション事始め——まず知り、そして実践

世に投資の対象は数多あり、その特徴も千差万別である。しかし、これから到来するであろう相場大変動そして日本の国家破産といったビッグイベントを最大限生かす投資となると、それはかなり数が絞られるだろう。そして、少ない軍資金からでも爆発的な利益を期待できる方法となると、前章までで見てきた通り「オプション」に勝る方法は、ほぼ皆無だろう。

「資産家は恐慌時に生まれる」という格言があるが、まさにこれから到来する激動は新たな資産家たちを誕生させるに違いない。そして、そのようなチャンスをうまく活用すれば、あなたにも資産を大きく殖やし夢を叶えることが可能となるだろう。ぜひとも、この人生一度の大好機をモノにしていただきたい。

では、いかにしてオプションに取り組めばよいのか。そもそもオプションとは何なのか、どこで取引するのか、という基本をよく知らないのでは始まらな

い。まずは、オプション投資がどのようなものなのかを知ることが重要だ。

株やFX、最近では暗号資産（仮想通貨）や不動産など、投資に関する本はたくさん出版されている。その内容やレベルも多岐にわたり、本当のシロウトでも理解しやすく、平易で丁寧な説明がなされているものもそれなりにある。

しかし、これが〝オプション投資の本〟となると途端に選択肢が狭まるのが実情だ。知る人ぞ知るオプション投資の「名著」というものはいくつかあるが、その多くは偏《へん》微分方程式や確率・統計など大学数学レベルの概念や数式が詳しい解説もなくバンバン出てくる上、オプションの用語の説明なども一切なく、とても初心者が読み下して投資の実践に活かせるシロモノではない。

そして、初心者向けの平易な本となると、そもそもその数が圧倒的に少ない。用語の説明や概念などそれなりにされているが、あくまで「それなり」である。私も数冊手に取ってみたが、正直言って途中で理解が追い付かず、投資を断念してしまう人も多いように感じた。それは、筆者がオプション取引を日々実践し熟知しているがゆえ、どうしても「わかっている人」の目線で書いてしまうためであろう。とにかく「当然、このぐらいはわかるだろう」という書き方をしているところが多いのだ。おそらく、こうした人たちは「まったくの素人」にオプションを教えたことがない。だから、素人にとって難しく感じるところがわかっておらず、その点をくみ取った説明ができていないのだ。

これでは素人がいくら読み込んでも、「なんだかよく解らないな」止まりになってしまい、そのうちやる気も失せてしまうのだ。

私は二〇一八年一〇月、世界でも非常に珍しいオプション投資を専門に助言する会員制組織「オプション研究会」を発足させた。非常に多くの方に関心を寄せていただき、続々とご入会いただいたおかげで現在は大盛況となっているが、会員の過半はオプション投資の経験はおろか勉強をしたこともなく、取引に必要な道具立て（後述する）もほとんど準備ができていない状態で入会されている。しかし、「オプション研究会」ではオプションの初歩の初歩から懇切丁寧にレクチャーし、必要な道具立てを揃えるためのお手伝いも行なっている。クラブのスタッフと共に、いかに理解し会得してもらえるかに腐心し、いろいろ工夫を重ねてきた甲斐あって、ほぼ全員が意欲を持って投資を実践し、習熟度を高めている。

そこで本章では、この「オプション研究会」で初学者にもわかりやすく伝授するノウハウを少し活用し、「オプションとは何か」「日経平均オプションはどのようなものなのか」「チャンスをモノにするためのオプション投資の勘所はどこか」といった、オプション投資のやり方についてわかりやすく、そして実践的にお伝えしてみたいと思う。紙幅の都合上、基本事項のすべてを説明し切ることはできないが、オプションについての理解をもう一段深めていただき、「一生に一度の大チャンス」を活かす第一歩としていただければ幸いだ。

オプション投資とは何なのか?

まず、「オプション」というヨコ文字から簡単に解説しよう。「オプション」とは、「選択肢」という意味の英語だ。車を買ったことがある方ならおなじみだと思うが、昔であればエアコンやパワーステアリング、オートロックなどの「オプション装備」は装備の有無を「選択」することができた。最近ではこれらは標準装備で、人気のオプションと言えばカーナビやバックモニター、ＥＴＣ車載器などとなっている。こうした装備が選べる、つまり「選択肢」があることがオプションと呼ばれるゆえんだ。

もちろん、「モノの選択」だけでなく「コトの選択」にも「オプション」は使う。たとえば学業優秀かつスポーツでも優れた成績をあげた学生が、将来有望な就職先もプロスポーツ入りも選べるような場合、「彼（彼女）の将来には二つのオプションがある」と言ったりする。

では、投資の世界での「オプション」とはどんなもので、どう取引されるものなのか。金融の専門用語辞典などで調べてみると、こんな説明がされている。

オプション：デリバティブ（金融派生商品）の一種。ある商品（原資産）について、あらかじめ決められた期日に一定の価格（権利行使価格）で売買できる権利のことこの説明で「わかった！」と納得できる人は、恐らくもうオプション取引が何なのかをかなり理解できている。もしかしたら、取引経験も相当積んでいるかもしれない。しかし、素人にいきなりこの説明ではまず間違いなく理解が追い付かない。オプション取引を解説した書籍や文章では、いきなり冒頭にこんな説明があったりするが、「デリバティブ」「原資産」「権利行使価格」などの専門用語が飛び出し、さらに「売買する権利」を取引すると言われても、「で、オプション取引って何？」となる。

オプション取引は日本の取引所でも約三〇年の歴史があるが、それにも関わらず他の投資に比べてマイナーというイメージが根強い。しかし冒頭からこんな調子で説明されてしまえば、マイナーなままなのもうなずけるというものだ。

そこで、今少し噛み砕いてオプション取引を具体的に見て行こう。前述したオプションの定義に具体例を当てはめるのだ。「ある商品」を「金《きん》」（ゴールド）とし、「決められた期日」を「年末」、「一定の価格」を「五〇〇〇円／g」とすると、「年末に金《きん》を五〇〇〇円／gで買う権利」というものができあがる。さあ、これで立派な「金《きん》のオプション」という商品ができあがった。

「おいおい、ずいぶん大雑把だな」とお感じかもしれないが、この商品は立派に役割を果たしてくれる。そのことを説明するために、金《きん》を買おうと思っているAさんに登場願おう。

■初歩的なオプションの例――Aさんの金《きん》購入

このAさんは、今度の年末にボーナスが支給されたら二〇〇gの金《きん》を買う計画を立てている。今日現在、金《きん》は五〇〇〇円／gで売買されており、一〇〇万円の予算で買いたいと考えているわけだ。しかし、昨今の金《きん》相場は予断を許さない状況で、このまま行けば年末には金《きん》価格が大きく上昇し、六〇〇〇円／g程度になりそうな見通しである。仮に予想通りになると、二〇〇gの金《きん》を買うのに一二〇万円かかってしまい予算オーバーとなる。となれば、量を減らすか買うのをあきらめるかという選択になってしまう。

本当は、資金繰りがつけばできるだけ早く買いたいが、目下のところ余裕資金が一〇万円しかなく、どうにも打つ手がない。この時Aさんに役立つのが、先ほど急ごしらえした金《きん》のオプションだ。

Aさんはある日、よく通っている金《きん》の販売店で、運良く「年末時点で五〇〇〇円／gで金《きん》を買える権利」が一gあたり二五〇円で売られていたのを見つけた。そこで年末の購入計画を手堅いものにすべく、これを二〇〇g分、合計五万円で購入した。これでAさんは、ボーナスが出たら予定通り二〇〇gの金《きん》を確実に一〇〇万円で購入することができるようになったのだ。しかも、もし相場が見込み通り六〇〇〇円／gになっていれば、買った金《きん》をすぐに売却して二〇万円の利益を得ることもできるのである。オプション費用を差し引いても一五万円の利益だから、五万円を払う意味も充分にあるというものだ。

これを別の言い方であらわすと、この金《きん》のオプションは金《きん》価格が将来値上がりしてしまうリスクに対する「リスクヘッジ」に役立ち、また五万円を支払って二〇万円の利益を得られる可能性がある、すなわち少額で大きな収益が期待できる「投機性」があるということになる。

オプション取引とは、権利を売買するもの

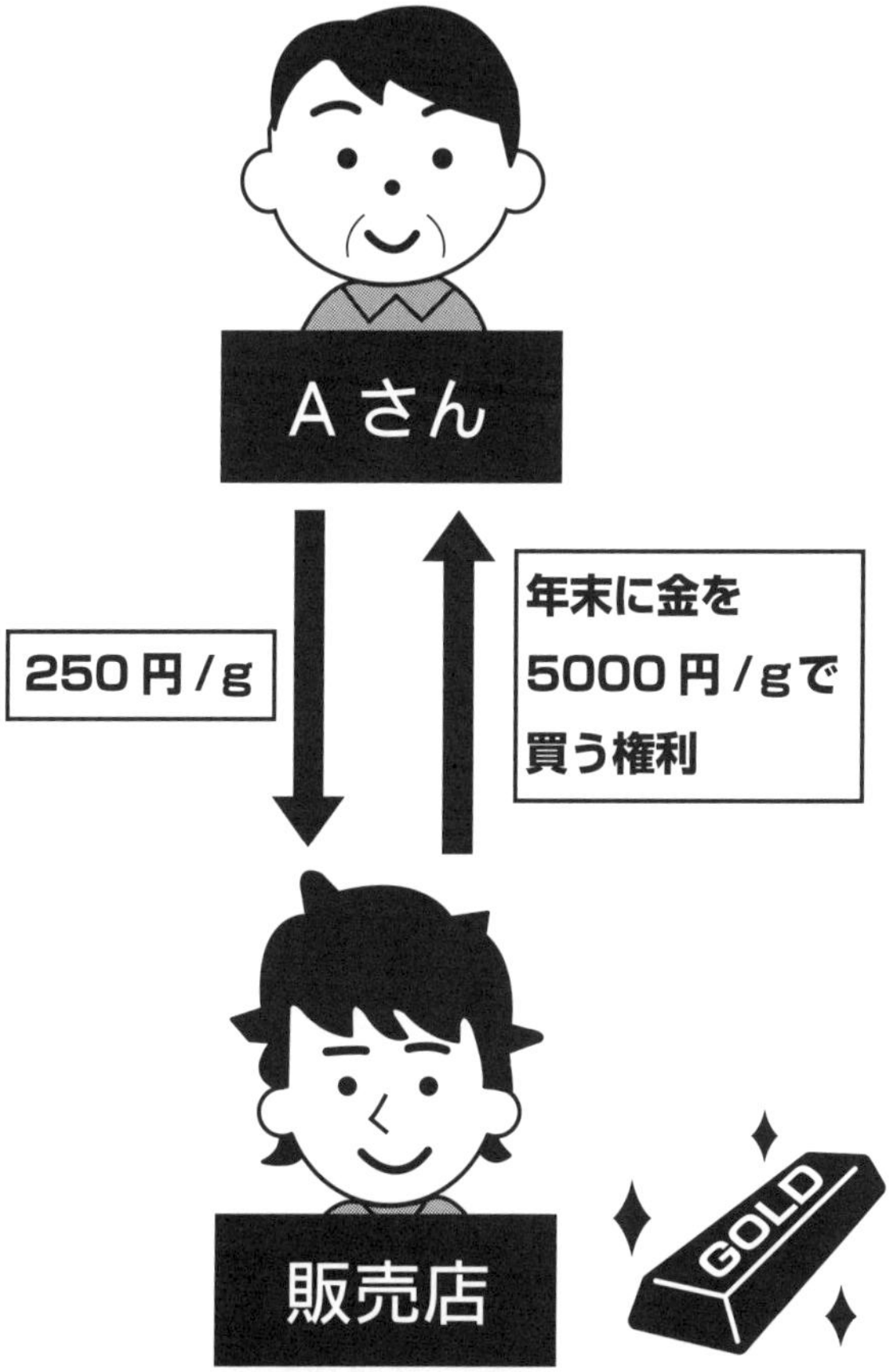

約束の書かれた証書を売り買いするイメージ

ここでもう一つ、オプションのキモとなる重要な条件を説明しよう。それは、オプションを買った人は「年末時点で必ず五〇〇〇円／gで金《きん》を買わなければいけない」わけではなく、「金《きん》を買わない」ということもできる、つまり「買う権利」を放棄することも選択できるという点だ。「買う権利」を行使することもしないことも「選択できる」という、まさにこの点こそが「オプション」と名付けられた意味であり、そして他にはない利点でもあるのだ。

ここで読者の皆さんには、一つの疑問が浮かぶだろう。「せっかく買う権利を購入したのに、なぜ行使しないなんてもったいないことをするのか？」——至極真っ当な疑問だが、これは相場が予想に反して下落した時のことを考えれば合点が行くだろう。年末時点で金《きん》相場が四〇〇〇円／gになったとする。Aさんは予定していた二〇〇gの金《きん》を八〇万円で購入可能となるが、仮にオプションが「五〇〇〇円／gで必ず買う」という「約束」だった場合、八〇万円で買えるものを一〇〇万円で買わされることになり割損になってしまう。

しかし、「買う権利」を放棄できるというオプションならではの仕組みが、ここで効いてくる。相場が安くなったら権利放棄し、二〇〇gの金《きん》を八〇万円で買ってしまえばよいのだ。これで当初予算の一〇〇万円より二〇万円もお得な買い物ができる。もちろん、オプションの購入代金五万円は無駄になるが、もし金《きん》価格が上昇した時には予算通りに一〇〇万円で金《きん》を買えるわけで、そのための「保険」と考えれば決して悪い買い物ではないだろう。

■頭の体操——販売店側から見たオプション

さて、ここで今少し頭の体操を行なおう。金《きん》の販売店側から見て、このオプションがどんな意味を持つかという点だ。結論を言うと、販売店にとってもこの「オプションを売る」という商売は悪くない。まず、金《きん》現物だけでない収入源となる。また、相場が少しでも下がればAさんは「権利放棄」するため、オプション料がまるまる粗利になる。「権利」という無形の財を生み出して利益を生むという、「悪くない商売」ができるわけだ。

もちろん、そうそう良いことばかりではない。先ほど、オプションは買い手にとっては権利を「行使」も「放棄」もできる便利なものと説明したが、実は売り手にはその裏返しで強力な義務が発生するのだ。それは、買い手が「権利行使」した場合、必ずそれに応じて取引しなければならない、というものだ。

たとえば年末の金《きん》価格が一〇万円／gに高騰（まずありえないことだが）していたとしても、Aさんがオプションを使って五〇〇〇円／gで金《きん》を買いに来たら、必ず応じなければならないのだ。店としては、一〇万円で売れる商品を五〇〇〇円で売るわけだから、とんでもない大損失である。

そう考えると、なぜこんな危ないものをわざわざ売るのかとお思いになるかもしれない。だが、考えてみれば金《きん》相場が数ヵ月で二〇倍にもなることはまずない。それどころか、往々にして販売店の方がAさんのような一個人より相場に見通しが立つ。だから、もし予想通りに相場が本当に上がりそうならば、オプションの価格をあらかじめ高く設定しておけばよいし、さらに相場が安い時期を選んで仕入れをしておけば、損失を限定させることも可能だろう。

つまり、売り手の方が総じていろいろな条件でリスクヘッジしながらオプションで収益を上げられる可能性があるということだ。このように、オプションを取引するということは、買い手にとっての「リスクヘッジ」や「投機性」だけでなく、売り手にとっても商売の幅を広げる有効な手立てになりうるのだ。

オプションの歴史

オプションの基本的な仕組みをご覧になって、少々頭を使うものの、なかなか面白い取引と感じたのではないだろうか。私はこのオプションというものを知った時、「誰かは知らないが、よくこんなシロモノを考え付いたものだ」と大いに感心したものだ。しかしながら、オプション取引は決して歴史の浅いものではないどころか、実はその源流をたどるとかなり古くから存在したというから驚きだ。せっかくなので、ここでオプションの歴史にもざっと触れてみたい。

人類初のオプションは、紀元前六世紀のある逸話にまで遡るとされる。古代ギリシャの哲学者で数学者でもあるタレスが行なった取引が、歴史上に残る最古のオプション取引と言われているのだ。

タレスは、西洋最大の哲学者の一人と言われるアリストテレスに「世界初の哲学者」と紹介されるほどの人物で、「ギリシャ七賢人」の一人に挙げられる人物だ。数学や天文学にも精通し、紀元前五八五年には日食を予言し的中させたと言われている。また、中学校の数学に出てくる「タレスの定理」（円の直径に対する円周角は直角という定理）は、このタレスの名を冠したものだ。

このように、かなりの賢人であったタレスだが、お金にはあまり興味がなかったのか、貧乏暮らしをしながら学問に明け暮れていたという。ある時、研究がお金にならないことを「お前の学問はなんの役にも立たないのではないか？」などとバカにされたタレスは、学問で実際にお金が稼げることを証明することにする。

彼が住むサモス島では、オリーブが特産だったがこの年は天候が良かったため、タレスはオリーブの豊作を予測した。そこで、いくらかのお金を払って、島中にあったオリーブ油を搾る搾油機の使用権を予約したのである。数ヵ月が経ち、タレスの予測通りオリーブが大豊作になると、島中の搾油機に需要が殺到、タレスは機械を高値で貸し出して莫大な利益を手にしたという。

この逸話は、オプション取引の説明ではよく用いられているものだが、この話のキモは「搾油機を使う『権利』をカネで買った」というところだ。これが搾油機そのものを買うのでは、莫大な元手が必要な上オリーブが不作だった場合には投資を回収どころか大損失となるリスクを抱えることになる。だが、「使用権を買う」のであれば、予測が当たれば莫大な利益が得られる一方で、予測が外れても使用権分の損失ですむため、過大なリスクを負う必要がない。「権利を取引する」というやり方で、小さな資金で大きく利益を上げたという点が重要なのだ。

しかし、実はこの話が本当に「人類初のオプション」であるかは定かではない。オプション取引については、その原型が「手付金」を払う取引の変形と考えられ、遠い昔から類似する取引がされていたという研究もある。

「手付金」を払う取引といえば、高額の不動産物件を取引する時などが思い浮かぶだろう。現在の商慣習では、契約時に全額を支払うのでなく、一～二割程度を手付金として支払うのが通例だ。一〇〇〇万円の家を買う時は、契約時に手付金として一〇〇万円払うといった具合だ。

しかし、家を購入する場合は払った手付金は支払いの一部となるし、たとえば引き渡し準備が整ったあとなど一定の時期以降にはキャンセル不可となることがほとんどだ。つまり、払い手（買い手）には選択権がない。したがって、「手付金」を支払う取引自体はオプション取引ではない。

ただ、この手付金の仕組みを比較的汎用的な取引対象、たとえば穀物や金《きん》などの取引に応用すると、できることの幅がグンと広がる。正式に契約するかどうかは将来の時点で決めてよい、つまり「キャンセルしてもよい」というやり方もできるようになる。穀物や金《きん》は不動産物件と違い一点モノではないため、キャンセルされても別の人に売ることが比較的容易だ。したがって、「キャンセル権つき手付金」という仕組みと相性が良い。もちろん、それでも売り手にとっては不利な取引になりがちなため、次第に「手付金を支払代金に含めない」

という条件が定着し、実質的な意味での「取引する権利」を売り買いするようになったのだろう。かくして、「権利を売買する」取引が誕生したわけだ。

「金《きん》のオプション」の例でも触れたが、この仕組みは買い手、売り手双方に現物取引だけでない新たなチャンスを生み出す。手付を払う側（買い手）から見れば価格変動に応じて権利行使するかを選べる上、手付金ゆえ現物や先物に比べても少ない資金で大きな利ザヤを取ることができる。

一方、手付の受け手（売り手）にとっても、価格変動が少なければ買い手が権利を放棄する可能性が高まるため、手付金分がまるまる儲けになる。つまり、現物以外の収益機会ができるということだ。こうして誕生した新しい取引手法は、時代を経て洗練され現在のオプション取引の形に進化して行ったのだ。

現代のオプション取引

さあ、時代をググッと進めて、現代のオプション取引について見て行こう。

現代ではさらに以下のような要件が整備され、広く取引がなされるようになっている。

■多岐にわたる取引対象

穀物や貴金属など、有史以前から連綿と取引されてきた商品において、オプションに相当する概念は早くから根付いていたが、現代ではそれに限らず様々なものがオプション取引の対象になっている。現物株式や債券、さらには先物や株価指数などの実態がない「架空」のモノも対象となっており、むしろこちらの方が主流となっている。

■取引所による市場取引

オプション取引は、先ほど見てきた起源から元々は相対取引（一対一の取引）で行なわれていた。しかし、現代では公設の証券取引所が整備され、上場株や上場債券などと同様に市場での取引が主流となっている。日本では、大阪取引所が日経平均オプション市場を開いており、日々活発な取引がなされている。

■差金決済で取引

先ほどの「金《きん》のオプション」の例では、権利を行使する期日がきた時実際に現物を売買することが前提となっていたが、現代では現物を介することの方がまれである。特に「株価指数など架空のモノ」を「取引所で市場取引」する場合、現物を介在させるのは非常にやっかいである。したがって、期日が到来した時には「オプションを行使してモノを買い、即座にその日の相場で売却した」ことにし、そこで生じた利益のみをオプションの買い手に支払うという清算方法をとる。

■「買う権利」だけでなく「売る権利」も取引

また、「金《きん》のオプション」の例ではあくまで説明を簡単にするため「買う権利」のみを想定した。しかし実際には金《きん》を「売る権利」を設定し、取引することも可能である。取引所で市場取引を行なうものの場合、多くが「買う権利」と「売る権利」の両方を取引している。いちいち「買う権利」「売る権利」というのはまどろっこしいため、「買う権利」は「コール」、「売る権利」は「プット」と呼ぶ。

「コール」は相場が上がればその分の利益が出るが、「売る権利」を保有した場合はその逆で、相場が下がった時にその分の利益が得られる仕組みだ。

ちなみに、「コール」とは英語で「要求する」という意味を持ち、「相場が高くても相手に安く買う権利を要求する」ことからきている。一方、「プット」には「義務を課す」という意味があり、「相場が安くても相手に高く買い取らせる義務を課す」というのが由来だ。

このような由来などを覚える必要はまったくないが、しかしこの「コール」と「プット」、それぞれがどんな局面で収益を生み出すのかについては、オプション投資を行なうにあたっての基本中の基本となる。あれこれ悩まずとも「スッ」と思い浮かぶようになるまで、頭に叩き込んでおきたい。

オプションで取引するもの（重要）

コール
＝買う権利

相場が
上昇すると
利益を生む

プット
＝売る権利

相場が
下落すると
利益を生む

これらの権利は、
買いから入ることも
売りから入ることも
できる

日本のオプション市場について

先ほども少し触れたが、オプション取引は日本でも市場ができてから三〇年ほどの歴史がある。市場と言えば「東京証券取引所」がすぐに思い浮かぶと思うが、オプション市場は東証にはない。実は、取り扱う商品によって取引所が分かれているのだ。日本最大の「日経平均オプション」の市場は、「大阪取引所」で開かれている。これは、元々大坂の堂島で世界初となるコメの先物取引市場が誕生したという流れを元に、先物・オプションと言った「デリバティブ」（金融派生商品）については大阪に取りまとめられたという背景があるためだ。

大阪取引所では、その他に「ＴＯＰＩＸオプション」「ＪＰＸ日経４００オプション」といった株価指数オプションの他、国債先物のオプション市場も開かれている。また、金《きん》や大豆などの商品を対象にしたオプション（正確には金《きん》や大豆の先物が対象）の取引は、東京商品取引所で行なわれている。

参考までに、世界中でもっとも活発にオプションが取引されているのは、米国だ。シカゴ・マーカンタイル取引所（CME）グループのシカゴ・ボード・オプション取引所（CBOE）では、S&P500からニューヨークダウ、NASDAQ、米国債、通貨、農産物など実に様々な先物市場のオプションが取引できる。また、米国では投資アドバイザーなどでも積極的にオプション投資を提案するため、多くの個人がオプション投資を比較的気軽に経験できる環境にある。

その点、日本のオプション市場は「日経平均オプション」以外はあまり活発に取引されず、また一般個人が参入しようにも株式などに比べて情報が少ない。また、日頃株投資をしている人であっても、証券会社によってはオプション取引自体の取り扱いがなかったり、独自審査があったりとすぐには取引できない状況にある。日本のオプション投資が普及しないのには、そうした事情も絡んでいるのだ。

「日経平均オプション」とはどんなものか

いよいよ、本書の核心である「日経平均オプション」について見て行こう。これは、正確には「日経225オプション」という名称である。日本最大のオプション市場で、その名前の通り日経平均株価を取引対象としている。先ほどの「金《きん》のオプション」のように定義に沿って考えるならば、「ある商品」（原資産）が「日経平均株価」ということだ。

■日経平均株価とは

ここで、日経平均株価について少し触れておこう。株式は、会社が投資家から資金を集める手段として発行するもので、株券という実体があるものだ（ただし、近年では上場株式は電子化されているため株券はなくなっている）。一方、日経平均株価は単なる株価平均を計算したものであって、株式のような発行元企業は存在しない。つまり、後ろ盾となる実体がないもので、これを「架空の商品」とみなしているだけなのだ。正確には、東証一部に上場する約一七〇〇銘柄の株式のうち、代表的銘柄とされる二二五社の株価平均を計算したものが「日経平均株価」である。もちろん、銘柄は固定されたものではなく急成長した企業があれば組み入れられ、代わりに低迷する企業は外されることとなる。

そして意外なことに、この二二五銘柄を決めているのは東証ではなく、日本経済新聞なのだ。あくまで日本の一企業である新聞社が、日本の経済指標となる「平均株価」を出しているのである。

■限月とSQ

さて次に、オプションの要件の二番目である「あらかじめ決められた期日」について見て行こう。市場取引されるオプションには「限月」と呼ばれる期限が定められている。期限が満了すると「コール」「プット」いずれも差金決済されるが、それはその日の日経平均株価ではなく、ＳＱ（Special Quotation：特別清算指数）と呼ばれる価格で行なわれる。細かい計算方法には触れないが、通常ならその日の日経平均株価に大体近い価格になることが多い。この清算が行なわれる日を「ＳＱ日」と呼ぶが、これは毎月第二金曜日と定められている。

日経２２５オプションの限月は、少々複雑な形で設定される。まず暦年の半期末である六月と期末の一二月では直近一〇限月（つまり五年先まで）が、四半期末に当たる三月と九月は直近三限月分（一年半先まで）が設定される。そしてそれ以外の月、つまり一月、二月、四月、五月、七月、八月、一〇月、一一月は合計で直近六限月分が設定される。たとえば、二〇一九年七月一日現在で設定される限月は、二一一ページの図のようになるということだ。

さらに最近では、これに加えて「Weekly オプション」と呼ばれるものも登場している。週ごとに期限が満了するというものだ。これはすでにある毎月第二金曜日を除く、第一、第三、第四（ある場合は第五も）金曜日がＳＱ日となっている。なお、ＳＱ日にあたる金曜日が祝日の場合には、前営業日（通常は木曜日）に前倒しされる。

取引可能な限月

（2019年6月26日時点）

日経平均オプション	
2019年7月1週限	←取引に使う
2019年7月限	←取引に使う
2019年7月3週限	←取引に使う
2019年7月4週限	
2019年8月1週限	
2019年8月限	←取引に使う
2019年9月限	
2019年10月限	
2019年11月限	
2019年12月限	
2020年1月限	
2020年2月限	
2020年3月限	
2020年6月限	
2020年9月限	
2020年12月限	
2021年6月限	
2021年12月限	
2022年6月限	
2022年12月限	
2023年6月限	
2023年12月限	
2024年6月限	

※これ以降は表示していない証券会社もあるため省略

実際のオプション取引では、限月に該当するSQ日の前営業日で取引が終了する。SQ日には該当のオプションは取引できず（もちろん該当限月以外のものは取引可能）、SQ値で自動的に清算される。取引時間は朝九時～一五時一五分までの日中と、一六時三〇分～翌朝五時三〇分までの夜間の二部構成だ。

■権利行使価格とは

そしてオプションを構成する三つ目の要件、「一定の価格」（権利行使価格）について見て行こう。日経225オプションでは権利行使価格が二五〇円刻みで設定されている。つまり二万円、二万二五〇円、二万五〇〇円といった具合だ。日経平均株価に一番近い権利行使価格のものから上下一六種類ずつ、合計で三三種類が設定されるが、残存期間が三ヵ月になると、さらに日経平均株価に一番近い権利行使価格を中心として一二五円刻みのものも上下合わせて一六種類ずつ追加される。それぞれの権利行使価格に対して「コール」と「プット」が設定されるため、最初に設定される一限月あたりの銘柄は権利行使価格三三種類の「コール」「プット」合計で六六銘柄となる。

これが限月ごとに設定される上に、相場が動けばその分を新たに追加して行くため、実際には数千銘柄という膨大な銘柄数が設定される。そう考えると気が遠くなりそうだが、心配することはない。実際には、これらすべてが取引されているわけではないからだ。五年も先の限月のものはほとんど取引されていないし、Weeklyオプションは誕生から日が浅く市場での認知を得られていないためか商いが薄いのが現状だ。実際のところ、向こう三限月分とWeeklyオプションの直近二限月分を押さえておけばまずは充分だ。

オプションの価格と取引

株式投資の場合、値上がりしそうな株を買い、実際に値上がりすれば利益が得られる。また、先物取引の場合は相場が上がりそうなら買い建て、下がりそうなら売り建てを行なって利益を狙う。

では、オプションはどのようにして取引されているのだろうか。実は、やっていることは株や先物と変わらない。日経平均株価を対象としたオプションを買い建てしたり売り建てしたりして利益を狙うわけだ。少し具体的に見てみよう。日本経済新聞の朝刊には、日経平均オプションの終値が掲載されているのでこれを参考にしたい。

二一七ページの図は、六月二五日の日経平均オプションの終値を、日経新聞を基に見やすく作り直したものだ。七月、八月、九月というのはそれぞれ限月で、各月の第二金曜日がSQ日（特別清算日）になる。七月が限月のものは七月一二日、八月は八月九日がSQ日なので、その前日まで取引される。

また、コール、プットいずれにも権利行使価格が書いてあるが、これら一つひとつが「取引銘柄」になっている。たとえば、「七月限 コール 二万一五〇〇円」という銘柄があり、その終値は一一〇円で前日比マイナス五〇円という具合だ。つまり、「七月限 コール 二万一五〇〇円」という商品（オプション）は、六月二五日の取引で一一〇円の値がついて終わり、前日より五〇円安くなったということだ。このオプション価格のことを、「プレミアム」と呼ぶ。実際の取引では、このプレミアムを一〇〇〇倍にしたものが一単位（オプションでは一枚と数える）の取引価格となる。したがって、「七月限 コール 二万一五〇〇円」を一枚買おうとすると、一一万円が必要となる（手数料は除く）。

さて、ここでこのオプションを使って利益を上げる方法を考えよう。まず、「七月限 コール 二万一五〇〇円」を一一〇円で買い、ＳＱ日まで保有し続ける。七月のＳＱ値が二万一五〇〇円を上回れば、権利行使価格である二万一五〇〇円との差額分を得ることができ、さらにＳＱ値が二万一五〇〇円よりも一一〇円以上高くなれば、利益を得ることができる。

しかし、オプション取引では権利を買ってＳＱ日に清算し利益を得るだけでなく、買った権利を途中で売って利益を得ることもできる。「七月限 コール 二万一五〇〇円」を一一〇円で買い、もしそれがＳＱ日までに一五〇円、二〇〇円と価格が上昇して行ったら、そこで「決済売り」して差分を利益にすることができるのだ。

日経オプション

◇日経平均オプション・大取（円・枚、※は小数点以下切り捨て）

	権利行使価格	7月 終値	7月 前日比	7月 売買高	7月 建玉	8月 終値	8月 前日比	8月 売買高	8月 建玉	9月 終値
コール	21000	345	−75	74	4581	505	−75	6	1274	—
	21125	255	−100	92	792	425	−70	56	90	550
	21250	200	−70	667	3209	365	−60	1619	2511	500
	21375	145	−65	252	2158	295	−65	197	196	—
	21500	110	−50	1211	6306	255	−55	189	2983	445
	21625	78	−37	1140	2288	210	−45	61	2230	330
	21750	55	−30	3118	7171	170	−40	247	474	290
	21875	39	−22	1971	2818	140	−30	165	396	—
	22000	26	−15	4767	15996	110	−25	254	2622	215
プット	20500	90	+19	3056	12379	220	+25	194	3248	375
	20625	110	+20	1341	1425	250	+30	42	85	—
	20750	140	+30	1159	2800	285	+30	553	879	—
	20875	170	+30	363	2151	340	+55	14	864	—
	21000	220	+45	1705	10104	380	+50	424	3474	545
	21125	275	+55	473	814	430	+45	314	345	610
	21250	340	+65	440	2449	500	+65	564	770	655
	21375	410	+75	66	784	555	+60	44	72	—
	21500	480	+80	159	2270	610	+50	28	654	—

総売買高コール　36156枚　プット　55833枚　日経平均ＨＶ　13.9
当日総建玉コール　637248枚　プット　1153667枚

（日本経済新聞 2019 年 6 月 26 日付より）

6月25日の

	権利行使価格	7月 終値	7月 前日比	8月 終値	8月 前日比	9月 終値
コール	21000	345	▲75	505	▲75	ー
コール	21125	255	▲100	425	▲70	550
コール	21250	200	▲70	365	▲60	500
コール	21375	145	▲65	295	▲65	ー
コール	21500	110	▲50	255	▲55	445
コール	21625	78	▲37	210	▲45	330
コール	21750	55	▲30	170	▲40	290
コール	21875	39	▲22	140	▲30	ー
コール	22000	26	▲15	110	▲25	215
プット	20500	90	19	220	25	375
プット	20625	110	20	250	30	ー
プット	20750	140	30	285	30	ー
プット	20875	170	30	340	55	ー
プット	21000	220	45	380	50	545
プット	21125	275	55	430	45	610
プット	21250	340	65	500	65	655
プット	21375	410	75	555	60	ー
プット	21500	480	80	610	50	ー

（日本経済新聞2019年6月26日付を基に作成）

　またさらに、実はオプションは買い建てだけでなく、売り建てで利益を得ることもできる。「七月限 コール 二万一五〇〇円」を一一〇円で売り建てし、一〇〇円まで値が下がった時に「決済買い」を行なえば、一〇円が利益となるという寸法だ。このように、オプション取引では非常に幅広い収益の狙い方があるため、相場の状況に応じていろいろな作戦を取れる点が魅力なのだ。

　では、肝心のオプションの価格はどのような要因でどう動くのだろうか。実はこの「オプションの価格がどう決まるのか」という部分が、ある意味でオプションの一番理解が難しいところであり、また興味深いところでもある。そこで今一度、先述の「金《きん》のオプション」の例に戻って考えてみよう。

　Aさんは、相場が上がりそうな状況で五〇〇〇円／gの「買う権利」を買い、相場が実際に六〇〇〇円まで上がった時に一〇〇〇円／gの利益を得た。ただこれは、清算期日まで権利を保有した結果の得た利益だ。

　もし年末までの途中、たとえば一〇月中旬頃までに金《きん》相場が上昇し、五二〇〇円／gになったらどうだろう。おそらく金《きん》に関心がある人々は、年末までに

オプションでは色々な利益の上げ方がある

たとえば「7月限コール 21500円」が110円のとき、

買い建て	SQで清算して利益を得る （SQで日経が21610円以上の時）
	途中で決済売りして利益を得る （SQ前にプレミアムが110円より上昇した時）

売り建て	SQで清算して利益を得る （SQで日経が21610円未満の時）
	途中で決済買いして利益を得る （SQ前にプレミアムが110円を下回った時）

はさらに相場が上昇するという予想をするだろう。そして五〇〇〇円／gの「買う権利」は、一二五〇円で買えるなら簡単に利益を得られる「美味しい商品」として注目を集めるに違いない。

一方、オプションを売る販売店としては、相場が上がり続ける中で五〇〇〇円／gの「買う権利」を同じ価格で売り続けていては損失が膨らむばかりだ。したがって、当然「買う権利」の価格を値上げするだろう。たとえば「買う権利」を七五〇〇円に値上げするという具合だ。

おわかりだろうか。相場が上昇して行くと、それに応じて「買う権利」（つまり「コール」）の価格も上がって行くのは、オプションの基本原理なのだ。そして、これが「売る権利」（プット）になるとその逆で、相場が下落して行くと価格が上昇して行くのである。専門用語を使った固い言い回しをするならば、「権利行使価格と原資産価格の差額が変化」するとオプションの価格に影響する、ということだ。

ただし、これはどの権利行使価格でも必ずそうなるわけではない。極端な例だが、「二万円／gで金《きん》を買う権利」を考えればすぐわかる。現在の相場が五〇〇〇円だろうが六〇〇〇円だろうが、このオプションは買う価値がほとんどない。金《きん》相場が二万円を超えて初めて利益になる、というシロモノなのだから当然だ。このオプションが価値を認められ値段が付くとすれば、相場が二万円にかなり近くなってからだが、それは五〇〇〇円の相場水準からすれば、大暴騰と言ってよいものだ。

このように、今の相場から著しくかけ離れた権利行使価格のオプションは、多少相場が動いても相変わらずほとんど無価値であり、そのため極めて安い価格から変化しないということになる。

価格決定要因一――相場と権利行使価格との差が変化すると、オプションの価格は変化する

さて、もう少し話を進めよう。相場の方向だけがオプション価格の要因なのかといえば、そうではない。一つ例を出そう。先の例で、もし金《きん》相場の二〇〇

円上昇が一〇月中旬でなく、年の瀬も押し迫った一二月二五日に起きたとすればどうだろうか。年末までに金《きん》価格が五二五〇円を超えていれば、五〇〇〇円／gの「買う権利」を二五〇円で買っても利益を得られるかもしれないが、その可能性はかなり低いと考えられるだろう。となると、「五〇〇〇円／gで買う権利」は二五〇円を出してまでは買う意味のないものとなる。もしこれを値下げしてまで取引しようとすれば、今時点で儲けが確定している二〇〇円分に加えて「金《きん》相場が残り数日で急変するかもしれない」という低い可能性を付加した値段、たとえば二〇五円くらいが妥当ということになるだろう。

このことからわかるのは、清算までに残された時間によってそのオプションが儲かる可能性が変わり、それに応じてオプションの値段が変わるということだ。残り時間がたくさんあれば、その分相場は上げ下げいずれにも大きく動く余地がある。しかし、時間がほとんどない時には、多くの場合期日時点の大よその着地点は見えているものだ。

したがって、そのオプションの値段は取れる利ザヤの分か、あるいは利ザヤを生まなければ実質的に無価値（ゼロ円）になるということだ。これを言い換えると、「残存日数がオプションの価格構成要因」ということになる。

価格決定要因二——清算日までの残り日数が少なくなるとオプションは安くなる

オプションの価格に影響を与える要素は、まだある。残存日数の説明のところでカンのよい方は気付いたかもしれないが、時間がほとんどない時でもまれに清算期日に着地する価格がわからない時がある、という部分が手掛かりだ。

仮に、金《きん》相場が一二月中旬まで五〇〇〇円／g程度で落ち着いていたのに、急に相場が荒れて二五日に五二〇〇円／gになったとしよう。となると、先ほどとはがぜん話が変わってくる。何しろ突然の急騰であるから、年末までに五二五〇円超え、あるいは五三〇〇円超えも十分に見えてくるわけで、それならば五〇〇〇円／gで「買う権利」を、二五〇円いや三〇〇円でも買いたいという人（つまりそれでも儲かると考える人）が出てくるかもしれない。そう、つまり相場が勢いよく動けば、残り時間が少なくとも利益を得られる可能性が高まるため、必然的にオプションの値段も上がるのだ。

相場がどの程度の大きさで揺れ動いているのか、その振幅の大きさを専門用語で「ボラティリティ」と呼ぶ。相場の勢いと価格の関係は、「ボラティリティが大きくなるとオプション価格は上昇する」という言い方ができる。

価格決定要因三——相場が荒れるとオプションの値段は上がる

さあ、日経平均オプションに再度話を戻そう。「金《きん》のオプション」と同様に、日経平均オプションでも基本的なオプション価格の変動要因は同じである。そこで、日経平均オプションの価格変動の性質をざっとまとめると二二七ページの図のようになる。

ただ、これらの説明はあくまで簡便なものであって、実際にはこれらの性質が複雑に絡み合って価格が決まって行く。実は、この説明では若干（どころか専門家に言わせればかなり）いい加減で不正確な説明なのだが、これを今少し精密に表現しようとすると、どうしても数式やグラフなどを用いる必要が出てくるし、多くの専門用語にも登場してもらわないといけない。本書ではあくまで大まかで重要なポイントの理解を深めるため、「正確さ」より「わかりやすさ」を優先した記述になっている点はご容赦いただきたい。

もう一つ付け加えれば、日経平均オプションの価格決定要因は、他にもある。それは「金利」と「配当」だが、実際のところ、これらを気にしなければいけない場面というのはあまり多くない。純粋な知的好奇心で考えると興味深い部分なのだが、これについても詳しい説明は割愛する。

オプションの〝儲けどころ〟はどこか

先ほど、日経平均オプションを使った利益の上げ方について説明した。今一度まとめるとこうだ。

■たとえば「七月限 コール二万一五〇〇円」を一一〇円で買い、

①もしそれが一五〇円、二〇〇円と価格が上昇して行ったら、そこで「決済売り」して差分を利益にする

②あるいは、「決済売り」をせずに清算されるのを待ち、七月のSQ値が二万一五〇〇円を上回れば、権利行使価格である二万一五〇〇円との差額分を得られ、SQ値が二万一五〇〇円よりも一一〇円以上上回れば、利益となる

■さらに「七月限 コール二万一五〇〇円」を一一〇円で売り、

③一〇〇円まで値が下がった時に「決済買い」を行なえば、一〇円が利益となる

④あるいは「決済買い」をせずに清算を待ち、七月のSQ値が二万一五〇〇円以下になれば、権利は放棄されることになるため、一一〇円が利益となる

ここで、オプションの「買い建て」と「売り建て」について、よくよく見比べてほしい。実は買い建て（①および②）については、日経平均が上昇して行けば、それに応じていくらでも大きな利益を得られるのだ。一方で損失は、支払ったプレミアム分で終わりなのである。すなわち「オプションの買い建て」

日経平均オプションの価格変動の性質

性質①	日経平均が上がると「コール」はいずれの権利行使価格でもプレミアムが上昇する傾向にある
性質①'	日経平均が下がると、「プット」はいずれの権利行使価格でもプレミアムが上昇する傾向にある
性質②	ただし、日経平均に比べて権利行使価格がかなり高いコール、またはかなり安いプットは、非常に安い値段であり多少の相場変動では価格変動が起きづらい
性質③	相場が動かなければ、ＳＱ日に向かってすべてのオプションは価格が安くなる
性質③'	実際には相場は常に動くため、日経平均に近い権利行使価格のものはＳＱ日直前まで価格が動く一方、日経平均からかけ離れたものほど値段は安値で確定していく
性質④	相場が急変するとオプションの価格も急変する。特に相場急騰によりコールが、相場急落によりプットが著しく急騰する

は、「損失限定、利益無制限」ということなのだ。
一方、「オプションの売り建て」（③および④）はその逆で、利益はオプションのプレミアムが上限となっている。そして、この点が重要なのだが、もし相場が大きく上昇した場合、買い建てで生じる利益に相当する損失を被ることになる。つまり、「利益限定、損失無制限」なのだ。買い建てするか売り建てするかによって、負うリスクと得られるリターンがまったく違うということをしっかりと頭に叩き込んでおく必要があるのだ。

　では、これから訪れるだろう激動相場で買い建て、売り建てのいずれを選ぶかだが、それは圧倒的に「買い建て」に軍配が上がる。何しろ、少ない軍資金で爆発的な利益を得る可能性があり、その一方で損失額は投資額に限定されるのである。特にこれからオプション投資を取り組もうという場合は、買いのみに限定して取引すべきである。

　さあ、ここからはオプションの買い建てでチャンスを狙う場合に、妙味のある相場局面とはどのような時かを具体的に見て行こう。

まず一つ目は、先ほどの「金《きん》のオプション」の例でも触れた通り、相場がこれから上昇する局面で「コールを買い建て」する方法だ。少々前の例だが、日経平均オプションの具体例で見て行こう。

二〇一八年の八月～九月にかけては日経平均株価が上昇基調にあり、八月一四日の二万二三五六円から、一ヵ月後の九月一四日（ＳＱ日）にはＳＱ値が二万三〇五七円となる上昇を見せた。そこで、八月一四日に二〇一八年九月限　二万二五〇〇円のコールを一五〇円で買うことができたとすると、ＳＱ時にはこのオプションでは二万二五〇〇円で日経平均を買い、即座に二万三〇五七円で売ったとして清算されるため、五五七円の利益が出る計算となる。一枚は表示価格の一〇〇〇倍だから、実際には一五〇円×一〇〇〇倍＝一五万円でコールを買い、五五七円×一〇〇〇倍＝五五万七〇〇〇円の清算となるから、四〇万七〇〇〇円の利益となった計算だ。たった一ヵ月で、元手が三・七倍にもなったのだ。

当然ながら、日経平均は八月一四日の二万二三五六円からＳＱ日を迎える前のある時点で二万二五〇〇円を突破するため、このオプションのプレミアムはSQ前に値上がりしていたはずである。実際に、八月二八日に最高値五八〇円を付けている。その時に決済売り（売却）してしまえばSQを待たずに三・七倍以上の利益を出すことができたのである。

これでおわかりだろう。SQ日に向かって日経平均が上がって行く局面では、「コールを買っておけばよい」ということだ。ただ、コールならどの権利行使価格でもいいわけではないし、いつ買ってもいいというわけでもない。日経平均株価よりも低い行使価格のコールは、一枚当たりのプレミアムがかなり高い。数百～一〇〇〇円以上するものもある。また残存日数が長いとその分プレミアムは割高になるため、実際には直近限月でかつ権利行使価格が日経平均株価より高く、相対的にプレミアムが安いものを選択することがポイントだ。

ただ、あまり権利行使価格が高いものの場合、いくら日経平均が上がって行ってもプレミアムがなかなか上昇せず、そうこうしているうちに残存日数がなくなって最終的にゼロ円でSQを迎えるということになりかねない。つまり、

株価の上昇局面では、コール（買う権利）の買いが利益を生む

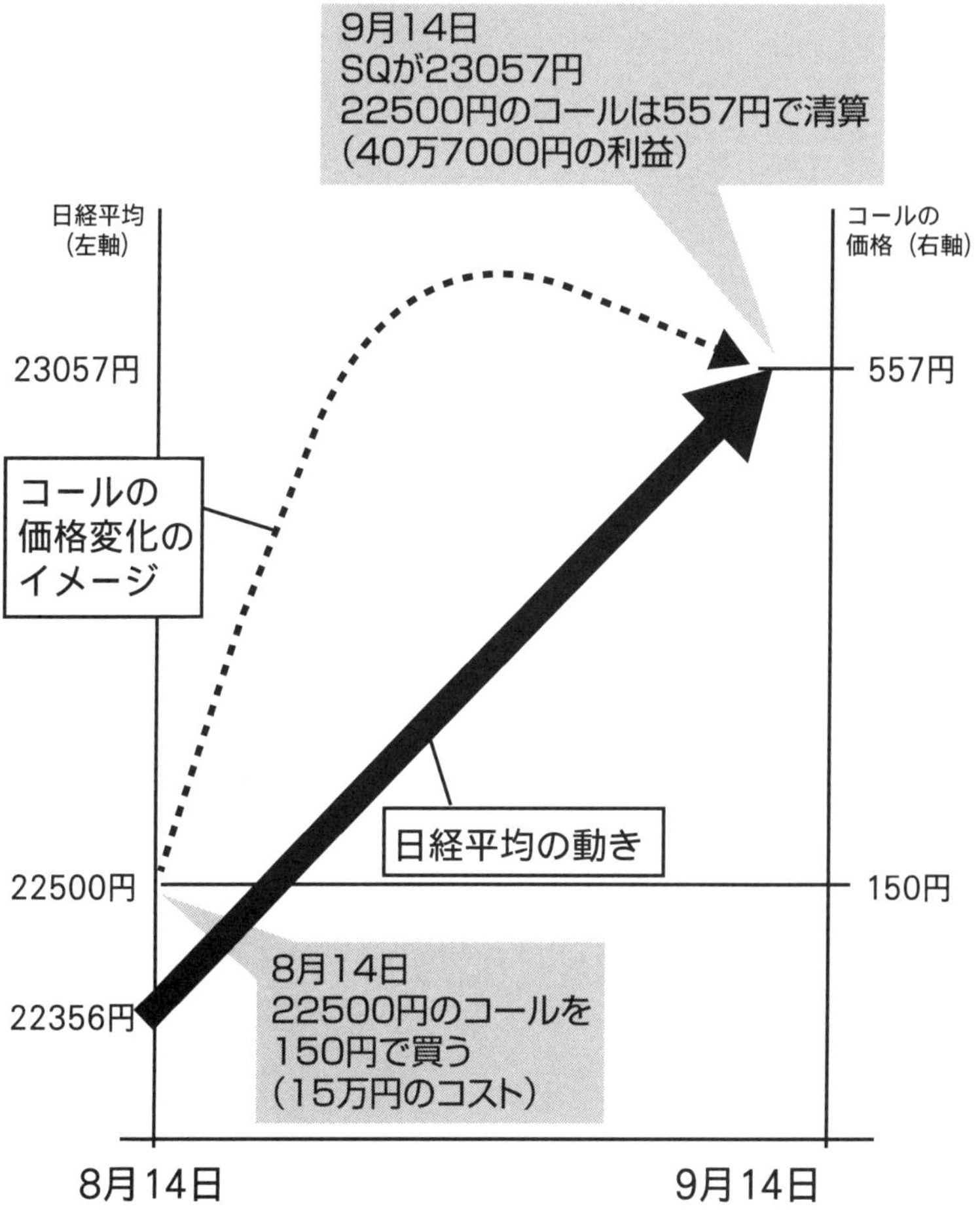

「ちょうどよい加減」の権利行使価格を選んでやる必要があるのだ。

この辺りは取引経験を積み、オプションの値動きがどう変化するものなのかを理解する過程で習得する感覚なので、はじめのうちはひたすらオプションの取引画面を眺めるしかないだろう。

いずれにせよ、相場が上昇局面にあればコールの買いにチャンスが到来することは確かだ。しかし、実はコールを買うのにもっとも有利な状況は別にある。「下げ基調からの反転上昇」だ。

たとえば、二三五ページの図のように、日経が二万一〇〇〇円を割り込み、二万円の節目に向けて急落している状況を考える。この時、権利行使価格が二万一〇〇〇円のコールはたたき売り状態となる。何しろ、SQ時点で二万一〇〇〇円を割り込んでいればそのコールは権利放棄しなければならず、支払ったプレミアム（権利の購入価格）はそのまま損失になるためだ。SQ前に少しでも損失を軽減させるため、二万一〇〇〇円のコールを持っている人は安かろうがとにかく売りまくることになる。場合によっては一円で売買、ということにもなるかもしれない。

だがもし、この局面で二万一〇〇〇円のコールを仮に一円で買い、その後ＳＱの手前で相場がいきなり反転上昇して二万一〇〇〇円に迫ればどうなるか。おそらく二万一〇〇〇円のコールは数十円、あるいは一〇〇円の大台に乗るだろう。さらに二万一〇〇〇円を突き抜ければ、数百円の値が付く可能性も十分ある。そしてＳＱ時、たとえば二万一五〇〇円に到達したとすれば、二万一〇〇〇円のコールは五〇〇円で清算される。一円で買ったものが五〇〇円だから、いきなり五〇〇倍もの利益になるのだ。

もしこれが、株価が緩やかな上昇や下落、あるいは横ばいからの上昇という局面であれば、二万一〇〇〇円のコールもそれほど急激な価格下落はしないだろうし、こんな倍率の利益が出ることも恐らくないだろう。相場が急落している時だからこそコールオプションのプレミアムも急落し、安く買えるのである。

その後、思惑通り相場が急反転すればそれだけで数十～数百倍という大チャンスをモノにできるし、もし思惑が外れてＳＱまでに反転しなくとも、安く買った権利を放棄するだけなので損失は限定できる。小さな資金でそうした相場の急変動局面を狙い撃ちして行けば、あとは確率の原理にしたがって収益を積み重ねるだけだ。損失を限定しつつ利益を極大化するという、投資にとって理想的な形を追求できるのだ。

急落局面でも権利を買えば儲かる?

相場が上昇する局面が、コール（買う権利）の買いの絶好のチャンスであることはご理解いただけただろう。では、相場が下落する場面ではどうするか。「プット」（売る権利）を買えばよいのである。

「プット」は「コール」と正反対の効果を持つオプションであるから、それを買い持ちすれば相場の下落局面に大チャンスとなるのだが、実は初学者の多くが意外にもここでつまずくのだ。どうも、先物などのイメージからか、下落相場では「売り建て」しなければ利益を取れないと考えてしまうのが原因らしい。

株価が大反転すると、さらに大きな収益のチャンスとなる

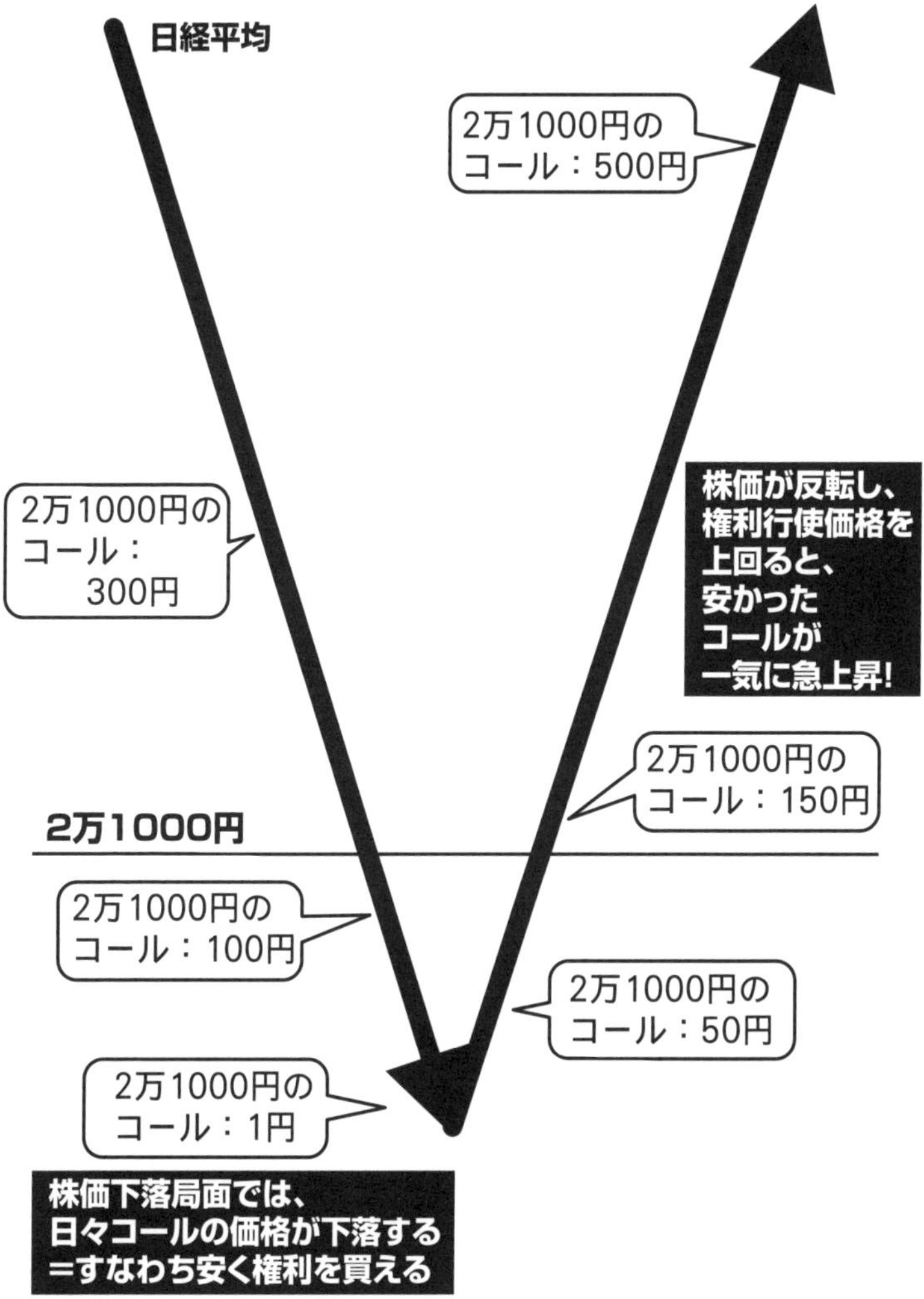

しかしオプションの世界での「売り建て」とは、日経平均を売ることではない。あくまで、ＳＱ日に決まった値段（権利行使価格）で日経平均を「売る権利」や「買う権利」を取引しているのであって、意味合いがまったく違うのだ。先物で「売り建て」に相当する取引は、「売る権利」を買うということである。

今一度確認するが、相場急落時には、「プットの買い」が利益を生む。コールとは正反対になる、ということをしっかり押さえておきたい。

実例――オプションは「買い建て」で大化けする！

以上を踏まえて、オプションの買いで実際に莫大な利益を生み出した局面について少し例を見て行こう。実は、相場というものは、暴騰する局面よりも暴落する局面の方が勢いが強い。そのため、オプションの買い建てによる歴史的な収益局面は、圧倒的にプットの方が多いのだ。

「コールの買い」で妙味が出る局面

チャンス

相場がある瞬間から急激に上昇する時

大チャンス

急落局面から反転上昇に転じた時

①二〇〇八年一〇月——リーマン・ショック

二〇〇八年九月、リーマン・ブラザーズの破綻により、世界中に衝撃が走ったが、この時オプションの相場もすさまじいことが起きていた。

先立つこと半年前の二〇〇八年三月には、ベア・スターンズ破綻で市場には暗雲が漂っていたが、それを決定づけるように九月一五日にリーマン・ブラザーズが破綻すると投資家たちはプロ・アマ関係なくパニック売りに走り、株価はまさに「つるべ落とし」となった。

日経平均株価もその影響を受けて急落、一〇月八日の終値はついに一万円の大台を割り込み、一〇月二八日には七一六二円という歴史的暴落を記録する。一ヵ月半の間に四一・四%も暴落したのだ。この暴落以降も一進一退しつつ下落した日経平均は、二〇〇九年三月一〇日に歴史的大底である七〇五四・九八円を記録する。

この一連の相場でもっとも大きく動いたオプションは、二〇〇八年一〇月限（SQは一〇月一〇日）の「権利行使価格九二五〇円のプット」だった。この

「プットの買い」で妙味が出る局面

チャンス

相場がある瞬間から急激に下落する時

大チャンス

上昇局面から反転急落に転じた時

プットの価格推移はこうだ。まず、リーマン破綻半月前の九月一日時点では、最安値が一円（つまり最低価格）という、紙キレ同然の状態だった。これは当然と言えば当然で、九月一日の日経平均は一万二八三四円、つまりこのプットが利益を生む可能性はほぼゼロだったのだ。

しかし九月一五日にリーマン・ブラザーズが破綻するとにわかにオプション市場が動意づく。日経平均が急速に下落し始めると、プットオプションは軒並みその価格が急上昇したのだ。一〇月に入ってSQが迫ってもその勢いは衰えない。何しろ、日経がグングン値を下げているのだから当然である。そしてSQ前日の一〇月九日、たった一円で売られていた九二五〇円のプットには、四六〇円という高値が付いていた。倍率にして四六〇倍、大化けである。

この話にはさらに続きがある。一〇月九日の日経の終値は九一五七円だったが、暴落の最中であったため翌一〇日もさらなる下落が見込まれていた。果たしてその大方の予想は的中、一〇日の日経終値は八二七六円と前日からさらに九〇〇円以上も下げたのだ。この結果、二〇〇八年一〇月のSQ値は七九九二・六〇円となった。「九二五〇円のプット」は、SQに持ち込めば約一二五〇円で清算されたことになる（実際には一〇〇倍の約一二五万円）。一円で買っていれば、一〇〇〇円が一二五万円（なんと一二五〇倍‼）というとんでもない大当たりである。こんな当たりくじはそうそう引けるものではないが、九月上旬には二円程度で取引されており、一方でSQ前々日でもすでに三五五円という高値で取引されていたことを踏まえると、二〇〇〇円で買って四〇万円（二〇〇倍）程度にすることは十分に可能であっただろう。

暴落がいかにオプション投資にとって追い風となるか、この一例だけでもよくわかる。

②二〇一八年二月——一〇〇倍

次は、比較的最近あった大チャンスの例だ。読者の皆さんはあまりピンと来ないかもしれないが、二〇一八年二月の株価急落はオプション投資の格好の〝狩り場〟となったのだ。

二月二日、米国株の急落に端を発した世界同時株安が世界中を震撼させた。元をたどれば二〇一六年末、米国は金融緩和を終了したが、この時米国の株価も頭打ちとなるはずだった。しかし、予想を覆すトランプ大統領の勝利と「アメリカ・ファースト」と呼ばれる経済政策、そして二〇一七年の法人税減税の可決が追い風となり、驚異的スピードで米国株は最高値を更新して行った。特に二〇一八年一月には、ニューヨークダウがわずか一週間で一〇〇〇ドル上昇するという、「暴騰」に近い急騰ぶりを見せていた。

得てしてこうした急騰には、反転急落がセットになっている。この時も例に漏れず、二万七〇〇〇ドル目前の歴史的高値からニューヨークダウは一気に急落。日経平均も二六年ぶりの二万四〇〇〇円台に沸いた直後、一〇%超の下落という冷や水を浴びせられた。

この急変に対して、オプション市場も敏感に反応した。もっとも大きい価格変動があったのは「二〇一八年二月限 権利行使価格二万一二五〇円のプット」で、一月二九日の終値ベースでは一円だったが、二月六日の終値はなんと二八〇円、二八〇倍にもなっている。もう少し割高な「二万二〇〇〇円のプット」でも五円が七一五円と一四三倍に跳ね上がっており、軒並みプットが暴騰したことがよくわかる。

準備することと注意点

ここまで見てきて、オプション投資がいかに恐慌相場向きの強力な投資方法かおわかりいただけたのではないだろうか。しかも、オプションの「買い建て」は、最少価格なら一〇〇〇円からと少額ででき、それが大きな収益につながる可能性があるのだ。

そして、実は意外に知られていないが、道具立てをきちんと揃えて手順を踏めば、誰にでもオプション投資を行なうことは可能なのである。ここで、その準備と手順について簡単に触れて行こう。

先ほど、日本のオプション投資は「日頃株投資をしている人であっても、証券会社によってはオプション取引自体の取り扱いがなかったり、独自審査があったりとすぐには取引できない状況」と説明したが、これは野村証券や大和証券といった従来からある証券会社での話である。実は、ネット証券を使えば割と簡単にオプション投資を始められるのだ。

必要な道具はパソコンかスマホで、インターネット上からネット証券の証券口座を開設し、オプション口座開設の審査を受けて通れば晴れて取引できる、という流れだ。パソコン、スマホで日常的にインターネットを使っている人であれば、苦もなく段取りを進められることだろう。

ただ、パソコンやスマホ、インターネットの経験が少なく苦手意識がある方にとっては、なかなか一筋縄では行かないかもしれない。オプション投資の知識や経験を積むのと並行して、こうした機械の操作にも習熟する必要があるからだ。ただ、しっかりと「修練」を重ねた暁には、オプション投資の魅力的な世界が開かれるのだから、取り組む価値は十二分にあるだろう。

ここで一点、どうしても念押しをしておかなければいけない注意点がある。

それは「買う権利」「売る権利」いずれも売り建てをしてはいけないという点だ。オプション取引の手引書などを読むと、「オプションの魅力は売りにある」といった話が非常に多い。実際、オプションの売り建てというのは買い建てとはまったく異なる非常に魅力的な性質があるのだ。オプションの買い建ては、市場が激変している時に大きな収益を上げるチャンスがあるが、実はオプションの売り建てはその正反対の性質を持っている。具体的には、「市場がそれほど変化しなければ少ない利益をコツコツ取れる」取引ができるというものだ。

つまり、こういうことだ。毎日オプションの売り建てを行なえば、ちょっとずつながら手堅く儲かる。買い建てが少額をコツコツ投じてひたすら大チャンスの到来を待つのに対し、ちょっとずつながら累積すればそこそこの日銭が稼げるのだから、魅力的に感じてしまうのも無理はない。それに実際、私が知るプロの投資家でも年間で億単位の収益を「オプションの売り」で稼いでいる人がいる。

しかし、売り建てが本当に恐ろしいのは、大した波風が起きない平時相場ではない。相場が激変し、大激動に陥った時である。つまり、「買い建て」にとって大チャンスの局面が、「売り建て」にとっては大ピンチなのだ。「売り建て」の最中に相場急変が訪れると、それまでコツコツと積み重ねた収益が一瞬にして吹き飛び、さらにそれをはるかに上回る損失を被ることすら起こり得る。

実は、オプションの「買い建て」はプレミアムを払うだけなので現物株を買うのと変わらない感覚なのだが、「売り建て」は証拠金取引になる。少ないプレミアムを稼ぐためにまとまった証拠金を差し入れなければならない。そして、相場急変で損失が証拠金を上回れば当然「追い証」が発生する。第四章で見てきたように、先物や信用取引と同じように過大なリスクを負うことになるのだ。実際、百戦錬磨のプロでも数年に一度の相場局面で莫大な借金を抱え、その後行方不明になったり相場から姿を消したという例を私も山ほど知っている。

損失が限定されず、リスクのコントロールが特に素人には極めて難しいのがオプションの売り建てである。そのため、証券会社によっては売り建て取引ができない「買い建て専用口座」を用意しているほどである（なお、「買い建て専

オプション投資の魅力と注意点

1. 日本国内で誰でも取り組める

2. 比較的少額から取り組める

3. 原資の数百倍（数倍ではない!）という莫大な利益を得ることもできる

4. その一方で損失は投資額までに限定できる

5. 市場が荒れるほどチャンスも大きい

売り建ては決してやらないこと!
（信じられないほど莫大な損失のリスクあり）

用口座」の方が開設審査は若干甘いようである）。オプション取引をこれから始めようという方は、この点だけは十分に心していただきたい。

勝つ方法は「方向」と「タイミング」

さて、ここまででオプション投資についていろいろと説明をしてきた。かなり噛み砕いて説明したつもりだが、初めてオプションについて知ったという方にとっては、次々となじみの薄い用語が出てきた上に簡単だがそれなりの計算も伴ったため、「結構大変だな」という印象を持たれたのではないだろうか。

ただ、これは慣れの問題なので、反復して考え覚えてしまう他ない。本当に大事なのは、このようなオプションの基本原理を押さえた上で、「どのように」投資して行くか、である。

もっとも重要な部分をあえて簡潔に言ってしまおう。オプションで大きな収益を取るためには、「相場が下がる手前でプットを買う」か、「相場が上がる手

オプション投資 買い建てと売り建ては正反対

	買い建て	⇔	売り建て
利益	相場急変時に“大”	⇔	相場があまり動かない場合“小”
損失	投資額に限定	⇔	相場急変時に大きく発生
勝率	相場急変局面は相対的に少ないため、低い	⇔	相場は平穏な局面が多いため、高い

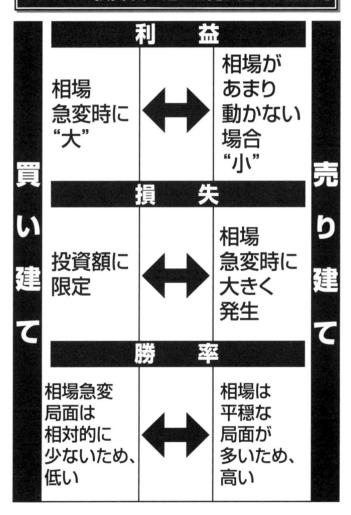

前でコールを買う」こと、そしてその「買うタイミング」こそが極めて重要な点である。言ってしまえば、相場がどのタイミングで「これから上がる」「これから下がる」かを見極めることがもっとも大事な点で、そのチャンスをつかめれば誰にでも大チャンスをモノにすることができるのだ。

だから、突き詰めればオプションの基本原理を学び、コールとプットの買い方、売り方をしっかり覚えたら、あとはタイミングを見極めて投資をして行くだけでよい。

株投資では、様々な企業分析や業界研究から、果てはチャート分析など様々な手法を用いることになる。不動産投資も、物件の調査やメンテナンス、空室対策など様々な課題に労力を割かねばならないだろう。そうしたことを踏まえると、日経平均の動向にのみ注目し投資を行なう「日経平均オプション」投資は、ある程度のレベルまで習熟してしまえば、その先は部分特化したポイントにのみ労力を集中すればよく、逆に非常に取り組みやすい投資と言えるだろう。

オプションで勝つために重要なこと

相場がこれから
上がるのか？
下がるのか？

買い出動する
絶好のタイミング

の2つを見極めることが最重要!!

ただし、
予想必中できる人はいない
投資金を細かく分割し、
確率論的に**勝ちを狙うべし**

大チャンス到来は間近！　準備を急げ!!

ここまで説明した内容で、オプションの基本的な部分を理解し、すぐにパソコンやスマホを取り出して準備に取りかかれるという方は、ここから独学でどんどん習熟を深めて行くのがよいだろう。

しかし、実のところここで紹介した内容だけで充分にオプション取引を習熟したとは言えない。本書ではオプション投資の魅力をより多くの人に「わかりやすく」お伝えすることを目的としたため、オプション投資で日常的に使われる専門用語や考え方の多くにまったく触れていないのだ。おそらく、いきなり実践に移ってもわからないことだらけということになるだろう。

もちろん、今はインターネットで何でも調べられる時代だから、わからないことも自分で調べて解決できるという人なら何も問題はない。しかし一方で、こうした新しい知識やスキルの習得には、頼りになる専門家を活用した方が圧倒的に習熟を早めることができる。

また、オプション投資には日経平均株価の相場の方向性やタイミングが極めて重要であるが、そうした「相場観」（あるいは「相場勘」）といったものを会得するのも一朝一夕ではできない。むしろこうした情報は、様々な投資情報源を活用した方がよいだろう。

さらに、実際の取引にあたっては、パソコン・スマホを使ってインターネットにアクセスし、ネット証券の口座開設を行ない、取引の仕方を習熟することも必要となる。こうしたスキルに乏しい人にとっては、この点が非常に大きな課題となる。

しかし、課題が多いからといって「一生に一度」の大チャンスをみすみすあきらめることはない。私は、これから到来するオプションの大チャンスをより多くの方に活かしていただきたいと考え、二〇一八年一〇月に「オプション研究会」を発足した。この会では、オプション取引に必要な知識や技術の習得から、独自の相場分析に基づく投資タイミングの情報提供、パソコン・スマホによるネット証券の取引方法に至るまでを懇切丁寧に指導する。

つまり、オプションの知識はおろか投資経験もゼロという方、あるいはネットの経験がまったくない方でも、スタッフが一から親身に指導し、いち早く習熟を高めることができるということだ。加えて、相場急変による大チャンスが到来した時にはチャンス獲得の助けとなる投資タイミングの情報も活用できる。

戦国の乱世には、多くの武将が優れた軍師を求めた。もしあなたがこれからの激動の時代にオプションの大チャンスを獲得する挑戦をするなら、「オプション研究会」はあなたの軍師たりえると自負している。

私の分析では、チャンスの第一波は二〇一八年末に起きた株価急落としてすでに到来したと見ている。しかし、焦らずともよい。本格的な大チャンスの第二波到来は二〇二〇年〜二〇二一年（早ければ二〇一九年後半の可能性もあるが）とにらんでおり、まだまだ本番はこれからだ。それまでに必要な知識やスキルを身に付けることが、あなたのこれからの人生を大きく変えるチャンスにつながって行くだろう。関心がある方は、ぜひとも「オプション研究会」を活用してチャンスをつかんでいただきたい。

なお、入会に当たっていくつか条件はあるが、もっとも重要な条件は「オプション取引を必ずやマスターする」というやる気である。「来たるべき一生に一度の大チャンスをモノにする！」という気概を持つ方をお待ちしている！

と、ここまで紹介しておいて大変申し訳ないのだが、まことに残念なお知らせをしなければならない。「オプション研究会」は定員二〇〇名の限定制クラブとしている（二〇一九年四月現在）。それは、スタッフの陣容や提供サービス、そして取り扱う「オプション取引」という内容の性質上からの措置だが、実は本項執筆時点の二〇一九年六月下旬現在、すでに定員に達しており、募集停止となってしまっているのだ。現在のところ「退会者待ち」での入会となるため、これから入会を希望される方はお申込みからかなり待っていただくことになることをあらかじめご承知いただきたい。

ただ、クラブの体制強化や業務の最適化などを図り、できれば年内中に数十名規模の追加募集枠を用意すべく目下鋭意準備中である。おそらく、この追加枠が最終枠になる可能性もあるため、こちらも応募が殺到する可能性があるが、「キャンセル待ち」にて入会申込みされた方から優先的にご入会いただく予定なので、ぜひともご期待いただき、活用を検討していただきたい。また、会の詳細については巻末にお知らせをまとめているのでご参照いただきたい。

志は高く、気持ちは明るく

激動と混乱の時代、人々は恐怖と不安に委縮してしまいがちだ。しかし、考え方を変えれば、振れ幅が大きいということは、大きなチャンスをつかむ可能性も生まれるということだ。チャンスをつかむための知識や技量を蓄えて、しかるべき時に打って出ること、それこそが激動と混乱を生きる私たちの定めであり、そして醍醐味ではないだろうか。

本書では、その激動と混乱に「オプション投資」が強力な武器になりうることを紹介してきた。他にも様々な投資法はあるし、投資に限らずビジネスで成功をつかむというやり方もあるだろう。ただ、いずれの方法を選ぶにせよ「財を成すこと」それ自体が目的というのではあまりに寂しい。

人は、自分の持てるすべてを——知力と体力、運、財力、そして自らが生きる時間をも——かけて何かを成すことこそが使命であり、また幸せなことでもある。読者の皆さんには本書を元に果敢に挑み、そして大きな財を成していただきたい。そして、なにかしら高い志を果たすためにそれを活かしていただけることを切に願う。

また、時代の雰囲気に呑み込まれて、不安に駆られたり、あるいはクヨクヨしていても仕方がない。明るく前向きな心持ちで、これからの時代を大いに楽しもうではないか。そして一〇年後、大きく財を成し、健康で朗らかな皆さんとふたたびお会いできることを楽しみにしている。

エピローグ

資産家は恐慌時に生まれる

（昔から言い伝えられてきた諺）

〝オプション〟で夢を実現しよう

この世の中には、大変不思議な話がいくつもある。

その中の一つが、日経平均オプションがもう三〇年も前から日本の大阪取引所に上場されていて、一部の賢い人々がそれを巧妙に使って大儲けしているというのに、一般の日本人には知られもせず、まったく利用されていないというものだ。

もしあなたがオプションに興味を持って、書店に行ってその専門書を買ってきたとしよう。しかし、その最初の数ページを開いただけで、あなたの顔から血の気が引くことだろう。なにしろ高校三年や大学で習ったような微積分などの高等数学と得体の知れない専門用語でずっと解説されているからだ。

しかし、そこでひるむ必要などない。「コール」と「プット」と「限月」ということさえわかれば、あとは株価大変動のタイミングをいかにつかむか――ポイントはそれだけだからだ。

しかもプロローグの図2（八ページ～九ページ）にあったように、複利の恐ろしさ、すさまじさがあなたの資産倍増の頼もしい味方となってくれる。オプションという飛び跳ねるウサギを確実に前進するカメとして自在に使うことによって、年二倍～二・五倍でよいから少しずつ殖やせば、一〇万円を一〇年後に一〇億円にすることも夢ではないのだ。

もし現代に織田信長や坂本龍馬が生き返ったら、オプションを必死に学んで「軍資金」を稼ぎ、天下を取るか世界の海援隊を目指そうとしたことだろう。

あなたも今一度大きな志を立てて、夢の実現のためにオプションを勉強していただきたい。そして私が主宰する「オプション研究会」の扉を叩いてほしい。

読者諸氏が大成功することを祈ってペンを置きたい。

二〇一九年七月吉日

浅井　隆

■今後、『私の金《キン》が売れない!』『2020年の衝撃』『いよいよ、恐慌目前! 株価大崩壊』(すべて仮題)を順次出版予定です。ご期待下さい。

浅井隆からの重要なお知らせ

——恐慌および国家破産を勝ち残るための具体的ノウハウ

「オプション研究会」好評始動中!!

リーマン・ショックから一〇年。市場はすさまじい恐慌相場による教訓を忘れ、一部では溢れかえる金融緩和マネーの流入によってバブル経済を引き起こしつつあります。世界経済は次なる暴落局面に向けて着々とエネルギーを蓄えているかのようです。しかし、こうした相場大変動の局面は「オプション投資」にとっては千載一遇の大チャンスにもなり得ます。

このチャンスをしっかりとモノにできれば、サラリーマンは資産家に、そして小金持ちは大富豪になることすら夢ではありません。ただ、この好機をつかむためには、オプション取引の基本を理解し、暴落相場における収益シミュレーションを入念に行なって、いざコトがはじまった時にすぐさま対応できるよう準備を整えることが何より重要です。またこうした準備は、なるべく早いうちに行なうことが成功のカギとなります。

そこで今回、浅井隆自らがオプション投資の魅力と活用のコツ、そしてそれを実践するための基本から、暴落時の投資シナリオに至るまでの必要な知識と実践法を伝授し、そしてイザ大変動が到来した際は、投資タイミングに関する情報も発信する新たな会員制クラブ「オプション研究会」を二〇一八年一〇月一日に発足しました。募集早々からお問い合わせが殺到し、第一次募集の定員一〇〇名と、追加枠の一〇〇名の合計二〇〇名についても満員となりました。現在はキャンセル待ちにてのご入会受付となっており、入会までお時間をいただくことになりますことをご了承下さい。なお体制整備を図り、二〇一九年内には最後の追加募集を実施する予定です。こちらも応募の殺到が予想されますので、お早めのお申込みをお奨めします。

「オプション研究会」では、オプション投資はおろか株式投資の経験もないという方でも、チャンス到来の時にはしっかりと取引を行なって収益機会を活用できることを目指し、懇切丁寧に指導いたします。もちろん、オプション取引は「誰でも簡単に投資し、利益を得られる」というものではありませんが、「一生に一度」にもなるかもしれない好機をぜひ活かしたいという意欲があれば、必ずやこのクラブを通じてオプション投資の基本を習得し、そして実践できるだけの力を身に付けていただけると自負いたします。また、大きな収益期待がある投資方法は、それに伴うリスクにも十分に注意が必要となりますが、その点についてもクラブにて手厚く指導いたしますのでご安心下さい。

ご関心がおありの方は、ぜひこのチャンスを逃さずにお問い合わせ下さい。

「㈱日本インベストメント・リサーチ　オプション研究会」担当　山内・稲垣・関。

TEL：〇三（三二九一）七二九一　FAX：〇三（三二九一）七二九二
Eメール：info@nihoninvest.co.jp

浅井隆が詳説！「オプション研究会」無料説明会DVD

オプションに重大な関心を寄せているものの、どのようにしてオプション投資にとりかかればよいかわからないという方のために、浅井隆自らがオプション投資の魅力と活用のコツ、そしてそれを実践するための専門的な助言クラブである「オプション研究会」の内容を詳しく解説した無料説明会DVDを頒布いたします（内容は二〇一八年一二月一五日に開催した説明会を収録したものです）。「書籍を読んだけど、今少し理解を深めたい」「浅井隆からのメッセージを直接聞いてみたい」という方は、ぜひこの機会にご入手下さい。なお、音声のみをご希望の方にはCDの頒布もございます。

「オプション研究会　無料説明会　受講DVD／CD」
（収録時間：DVD・CDとも約一六〇分）

価格：特別ＤＶＤ……三〇〇〇〇円（実費 送料込）
　　　　ＣＤ……二〇〇〇〇円（実費 送料込）
※ ＤＶＤ・ＣＤとも、お申込み確認後約一〇日でお届けいたします。
「オプション研究会 無料説明会 受講ＤＶＤ」に関するお問い合わせは、
「㈱日本インベストメント・リサーチ オプション研究会 担当」まで。
ＴＥＬ：〇三（三二九一）七二九一　ＦＡＸ：〇三（三二九一）七二九二
Ｅメール：info@nihoninvest.co.jp

厳しい時代を賢く生き残るために必要な情報収集手段

日本国政府の借金は、先進国中最悪でＧＤＰ比二四〇％に達し、太平洋戦争終戦時を超えていつ破産してもおかしくない状況です。国家破産へのタイムリミットが刻一刻と迫りつつある中、ご自身とご家族の老後を守るためには二つの情報収集が欠かせません。

一つは「国内外の経済情勢」に関する情報収集、もう一つは「海外ファンド」

や「海外の銀行口座」に関する情報収集です。これらについては、新聞やテレビなどのメディアやインターネットでの情報収集だけでは十分とは言えません。私はかつて新聞社に勤務し、以前はテレビに出演をしたこともありますが、その経験から言えることは「新聞は参考情報。テレビはあくまでショー（エンターテインメント）」だということです。インターネットも含め誰もが簡単に入手できる情報でこれからの激動の時代を生き残って行くことはできません。

皆さんにとって、もっとも大切なこの二つの情報収集には、第二海援隊グループ（代表：浅井隆）が提供する特殊な情報と具体的なノウハウをぜひご活用下さい。

"恐慌および国家破産対策"の入口「経済トレンドレポート」

皆さんに特にお勧めしたいのが、浅井隆が取材した特殊な情報や、浅井が信頼する人脈から得た秀逸な情報をいち早くお届けする「経済トレンドレポート」です。今まで、数多くの経済予測を的中させてきました。

そうした特別な経済情報を年三三回（一〇日に一回）発行のレポートでお届

けします。初心者や経済情報に慣れていない方にも読みやすい内容で、新聞やインターネットに先立つ情報や、大手マスコミとは異なる切り口からまとめた情報を掲載しています。

さらにその中で恐慌、国家破産に関する『特別緊急警告』も流しております。「激動の二一世紀を生き残るために対策をしなければならないことは理解したが、何から手を付ければよいかわからない」「経済情報をタイムリーに得たいが、難しい内容にはついて行けない」という方は、まずこの経済トレンドレポートをご購読下さい。経済トレンドレポートの会員になられますと、講演会など様々な割引・特典を受けられます。詳しいお問い合わせ先は、㈱第二海援隊まで。

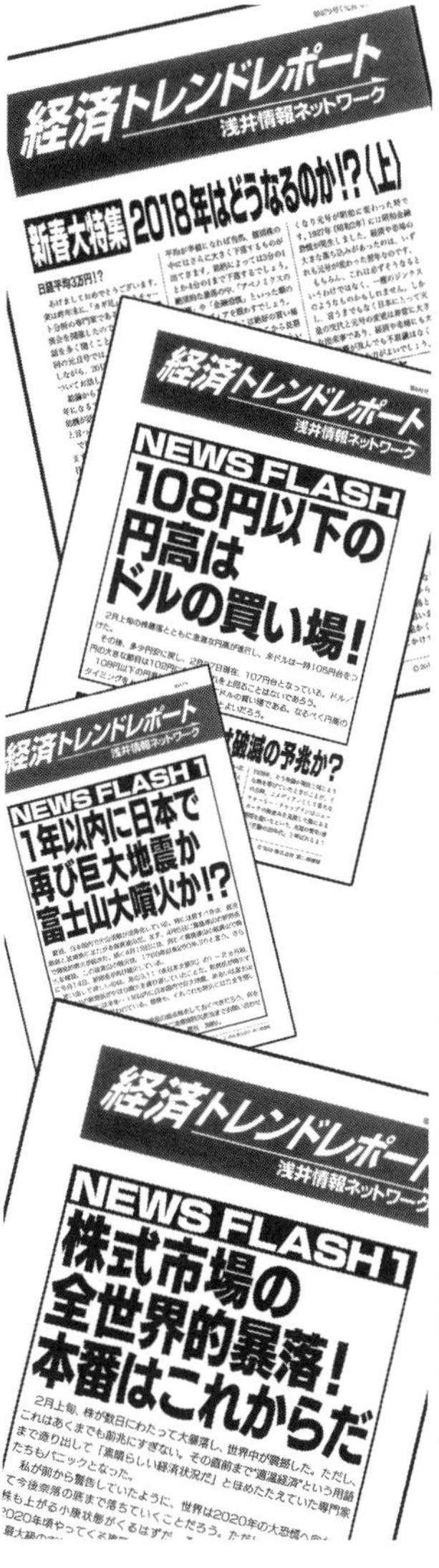
経済トレンドレポート
浅井情報ネットワーク
新春大特集 2018年はどうなるのか!?〈上〉

経済トレンドレポート
浅井情報ネットワーク
NEWS FLASH
108円以下の円高はドルの買い場!

経済トレンドレポート
浅井情報ネットワーク
NEWS FLASH 1
1年以内に日本で再び巨大地震か富士山大噴火か!?

経済トレンドレポート
浅井情報ネットワーク
NEWS FLASH 1
株式市場の全世界的暴落！本番はこれからだ

恐慌・国家破産への実践的な対策を伝授する会員制クラブ

国家破産対策を本格的に実践したい方にぜひお勧めしたいのが、第二海援隊の一〇〇%子会社「株式会社日本インベストメント・リサーチ」（関東財務局長（金商）第九二六号）が運営する三つの会員制クラブ（「自分年金クラブ」「ロイヤル資産クラブ」「プラチナクラブ」）です。

まず、この三つのクラブについて簡単にご紹介しましょう。「自分年金クラブ」は、資産一〇〇〇万円未満の方向け、「ロイヤル資産クラブ」は資産一〇〇〇万～数千万円程度の方向け、そして最高峰の「プラチナクラブ」は資産一億円以上の方向け（ご入会条件は資産五〇〇〇万円以上）で、それぞれの資産規模に応じた魅力的な海外ファンドの銘柄情報や、国内外の金融機関の活用法に関する情報を提供しています。

恐慌・国家破産は、なんと言っても海外ファンドや海外口座といった「海外の活用」が極めて有効な対策となります。特に海外ファンドについては、私たちは早くからその有効性に注目し、二〇年以上にわたって世界中の銘柄を調査してまいりました。本物の実力を持つ海外ファンドの中には、恐慌や国家破産といった有事に実力を発揮するのみならず、平時には資産運用としても魅力的なパフォーマンスを示すものがあります。こうした情報を厳選してお届けするのが、三つの会員制クラブの最大の特長です。

その一例をご紹介しましょう。三クラブ共通で情報提供する「ATファンド」は、先進国が軒並みゼロ金利というこのご時世にあって、年率六～七％の収益を安定的に挙げています。これは、たとえば三〇〇万円を預けると毎年約二〇万円の収益を複利で得られ、およそ一〇年で資産が二倍になる計算となります。しかもこのファンドは、二〇一四年の運用開始から一度もマイナスを計上したことがないという、極めて優秀な運用実績を残しています。日本国内の投資信託などではとても信じられない数字ですが、世界中を見渡せばこうした優れた銘柄はまだまだあるのです。

冒頭にご紹介した三つのクラブでは、「ATファンド」をはじめとしてより高い収益力が期待できる銘柄や、恐慌などの有事により強い力を期待できる銘柄など、様々な魅力を持ったファンド情報をお届けしています。なお、資産規模が大きいクラブほど、取り扱い銘柄数も多くなっております。

また、ファンドだけでなく金融機関選びも極めて重要です。単に有事にも耐え得る高い信頼性というだけでなく、各種手数料の優遇や有利な金利が設定されている、日本にいながらにして海外の市場と取引ができるなど、金融機関も様々な特長を持っています。こうした中から、各クラブでは資産規模に適した、魅力的な条件を持つ国内外の金融機関に関する情報を提供し、またその活用方法についてもアドバイスしています。

その他、国内外の金融ルールや国内税制などに関する情報など資産防衛に有用な様々な情報を発信、会員様の資産に関するご相談にもお応えしております。浅井隆が長年研究・実践してきた国家破産対策のノウハウを、ぜひあなたの大切な資産防衛にお役立て下さい。

詳しいお問い合わせは「㈱日本インベストメント・リサーチ」まで。

TEL：〇三（三二九一）七二九一　FAX：〇三（三二九一）七二九二
Eメール：info@nihoninvest.co.jp

「ダイヤモンド投資情報センター」

現物資産を持つことで資産保全を考える場合、小さくて軽いダイヤモンドは持ち運びも簡単で、大変有効な手段と言えます。近代画壇の巨匠・藤田嗣治は第二次世界大戦後、混乱する世界を渡り歩く際、資産として持っていたダイヤモンドを絵の具のチューブに隠して持ち出し、渡航後の糧にしました。金《きん》だけの資産防衛では不安という方は、ダイヤモンドを検討するのも一手でしょう。

しかし、ダイヤモンドの場合、金《きん》とは違って公的な市場が存在せず、専門の鑑定士がダイヤモンドの品質をそれぞれ一点ずつ評価して値段が決まるため、売り買いは金《きん》に比べるとかなり難しいという事情があります。そのため、信頼できる専門家や取扱店と巡り合えるかが、ダイヤモンドでの資産保全の成否の分かれ目です。

そこで、信頼できるルートを確保し業者間価格の数割引という価格での購入が可能で、GIA（米国宝石学会）の鑑定書付きという海外に持ち運んでも適正価格での売却が可能な条件を備えたダイヤモンドの売買ができる情報を提供いたします。

ご関心がある方は「ダイヤモンド投資情報センター」にお問い合わせ下さい。

TEL：〇三（三二九一）六一〇六　担当：大津

『浅井隆と行くニュージーランド視察ツアー』

南半球の小国でありながら独自の国家戦略を掲げる国、ニュージーランド。浅井隆が二〇年前から注目してきたこの国が今、「世界でもっとも安全な国」として世界中から脚光を浴びています。核や自然災害の脅威、資本主義の崩壊に備え、世界中の大富豪がニュージーランドに広大な土地を購入し、サバイバル施設を建設しています。さらに、財産の保全先（相続税、贈与税、キャピタルゲイン課税がありません）、移住先としてもこれ以上の国はないかもしれません。

そのニュージーランドを浅井隆と共に訪問する、「浅井隆と行くニュージーランド視察ツアー」を二〇一九年一一月に開催致します（その後も毎年一一月の開催を予定しております）。現地では浅井の経済最新情報レクチャーもございます。内容の充実した素晴らしいツアーです。ぜひ、ご参加下さい。
TEL：〇三（三二九一）六一〇六　担当：大津

浅井隆のナマの声が聞ける講演会

著者・浅井隆の講演会を開催いたします。二〇一九年は名古屋・一〇月一八日（金）、東京・一〇月二五日（金）、大阪・一一月一日（金）、二〇二〇年は東京・一月一八日（土）を予定しております。経済の最新情報をお伝えすると共に、生き残りの具体的な対策を詳しく、わかりやすく解説いたします。

活字では伝えることのできない肉声による貴重な情報にご期待下さい。

詳しいお問い合わせ先は、㈱第二海援隊まで。

■第二海援隊連絡先

TEL：〇三（三二九一）六一〇六　FAX：〇三（三二九一）六九〇〇
Eメール：info@dainikaientai.co.jp
ホームページアドレス：http://www.dainikaientai.co.jp/

第二海援隊ホームページ

また、第二海援隊では様々な情報をインターネット上でも提供しております。詳しくは「第二海援隊ホームページ」をご覧下さい。私ども第二海援隊グループは、皆さんの大切な財産を経済変動や国家破産から守り殖やすためのあらゆる情報提供とお手伝いを全力で行ないます。

また、浅井隆によるコラム「天国と地獄」を一〇日に一回、更新中です。経済を中心に、長期的な視野に立って浅井隆の海外をはじめ現地生取材の様子をレポートするなど、独自の視点からオリジナリティ溢れる内容をお届けします。

ホームページアドレス：http://www.dainikaientai.co.jp/

〈参考文献〉

【新聞・通信社】

『日本経済新聞』『毎日新聞』『日経ヴェリタス』『ブルームバーグ』
『ロイター』

【書籍】

『バフェットとソロス勝利の投資学』（マーク・ティアー・ダイヤモンド社）

【拙著】

『100 万円を 6 ヵ月で 2 億円にする方法！』（第二海援隊）
『都銀、ゆうちょ、農林中金まで危ない⁉』（第二海援隊）
『マイナス金利でも年 12％稼ぐ黄金のノウハウ』（第二海援隊）
『国家破産を生き残るための 12 の黄金の秘策〈下〉』（第二海援隊）
『海外ファンドによる財産倍増計画』（第二海援隊）

【その他】

『経済トレンドレポート』『自分年金クラブレポート vol.72』
『イソップ童話 うさぎとかめ』『童謡 うさぎとかめ』
『バークシャーハサウェイ社「株主への手紙」(SHAREHOLDER LETTERS)』

【ホームページ】

フリー百科事典『ウィキペディア』
『ウォールストリート・ジャーナル電子版』
『バロンズ』『フォーブス』『時事ドットコム』『AFP BB News』『IIF』
『日本銀行』『財務省』『大阪取引所』『ダイヤモンドオンライン』『新生銀行』
『SankeiBiz』『man@bow』『ZUU online』『東洋経済オンライン』『YJFX』
『SBI 証券』『カブドットコム証券』『野村証券』『IB カレッジ』『新生銀行』
『行動経済学入門』『SMBC 日興証券』『楽天証券』『Traders Shop』『BIS』
『マネーマガジン』『Man Group』『第一商品』『ブリオンボールト』『ABS』
『商品さきもの知識普及委員会』『エキサイトニュース』『FTSE Russell』
『Board of Governors』『Fact Set』『CCL インデックス』

〈著者略歴〉
浅井　隆　（あさい　たかし）
経済ジャーナリスト。1954年東京都生まれ。学生時代から経済・社会問題に強い関心を持ち、早稲田大学政治経済学部在学中に環境問題研究会などを主宰。一方で学習塾の経営を手がけ学生ビジネスとして成功を収めるが、思うところあり、一転、海外放浪の旅に出る。帰国後、同校を中退し毎日新聞社に入社。写真記者として世界を股に掛ける過酷な勤務をこなす傍ら、経済の猛勉強に励みつつ独自の取材、執筆活動を展開する。現代日本の問題点、矛盾点に鋭いメスを入れる斬新な切り口は多数の月刊誌などで高い評価を受け、特に1990年東京株式市場暴落のナゾに迫る取材では一大センセーションを巻き起こす。
その後、バブル崩壊後の超円高や平成不況の長期化、金融機関の破綻など数々の経済予測を的中させてベストセラーを多発し、1994年に独立。1996年、従来にないまったく新しい形態の21世紀型情報商社「第二海援隊」を設立し、以後約20年、その経営に携わる一方、精力的に執筆・講演活動を続ける。2005年7月、日本を改革・再生するための日本初の会社である「再生日本21」を立ち上げた。主な著書：『大不況サバイバル読本』『日本発、世界大恐慌！』（徳間書店）『95年の衝撃』（総合法令出版）『勝ち組の経済学』（小学館文庫）『次にくる波』（PHP研究所）『Human Destiny』（『9・11と金融危機はなぜ起きたか!?〈上〉〈下〉』英訳）『あと2年で国債暴落、1ドル＝250円に!!』『いよいよ政府があなたの財産を奪いにやってくる!?』『世界恐慌前夜』『あなたの老後、もうありません！』『日銀が破綻する日』『ドルの最後の買い場だ！』『預金封鎖、財産税、そして10倍のインフレ!!〈上〉〈下〉』『トランプバブルの正しい儲け方、うまい逃げ方』『世界沈没——地球最後の日』『2018年10月までに株と不動産を全て売りなさい！』『世界中の大富豪はなぜNZに殺到するのか!?〈上〉〈下〉』『円が紙キレになる前に金を買え！』『元号が変わると恐慌と戦争がやってくる!?』『有事資産防衛　金か？　ダイヤか？』『第2のバフェットかソロスになろう!!』『浅井隆の大予言〈上〉〈下〉』『2020年世界大恐慌』『北朝鮮投資大もうけマニュアル』『この国は95％の確率で破綻する!!』『徴兵・核武装論〈上〉〈下〉』『100万円を6ヵ月で2億円にする方法！』『最後のバブルそして金融崩壊』『恐慌と国家破産を大チャンスに変える！』『国家破産ベネズエラ突撃取材』『都銀、ゆうちょ、農林中金まで危ない!?』（第二海援隊）など多数。

10万円を10年で10億円にする方法

2019年8月23日　初刷発行

著　者　浅井　隆
発行者　浅井　隆
発行所　株式会社　第二海援隊
〒101-0062
東京都千代田区神田駿河台2-5-1　住友不動産御茶ノ水ファーストビル8F
電話番号　03-3291-1821　　FAX番号　03-3291-1820

印刷・製本／中央精版印刷株式会社

ISBN978-4-86335-198-1

第二海援隊発足にあたって

日本は今、重大な転換期にさしかかっています。にもかかわらず、私たちはこの極東の島国の上で独りよがりのパラダイムにどっぷり浸かって、まだ太平の世を謳歌しています。

しかし、世界はもう動き始めています。その意味で、現在の日本はあまりにも「幕末」に似ているのです。ただ、今の日本人には幕末の日本人と比べて、決定的に欠けているものがあります。それこそ、志と理念です。現在の日本は世界一の債権大国（＝金持ち国家）に登り詰めはしましたが、人間の志と資質という点では、貧弱な国家になりはててしまいました。それこそが、最大の危機といえるかもしれません。

そこで私は「二十一世紀の海援隊」の必要性を是非提唱したいのです。今日本に必要なのは、技術でも資本でもありません。志をもって大変革を遂げることのできる人物と、それを支える情報です。まさに、情報こそ〝力〟なのです。そこで私は本物の情報を発信するための「総合情報商社」および「出版社」こそ、今の日本にもっとも必要と気付き、自らそれを興そうと決心したのです。

しかし、私一人の力では微力です。是非皆さんの力をお貸しいただき、二十一世紀の日本のために少しでも前進できますようご支援、ご協力をお願い申し上げる次第です。

浅井　隆